EDELTRAUD UND MARCUS RASKOB

Kreuzstich
Stickereien für alle Jahreszeiten

Edeltraud und Marcus Raskob

Kreuzstich Stickereien für alle Jahreszeiten

Tischwäsche · Geschenke
Bilder · Grußkarten

Augustus Verlag

Inhalt

Sticken Sie mit!

»Das kann ich nicht.« Das können Sie doch! Lassen Sie sich zum Kreuzstich verführen!
In diesem Band bieten wir Ihnen neue Entwürfe zu einer alten Kunst. Tatsächlich ist der Kreuzstich älter, als Sie vermuten. Schon die antiken Völker, etwa die Ägypter, beherrschten diese Technik, und auch bei den Inkas wurde diese Form der textilen Verzierung nachgewiesen. Durch viele Kulturen erhielt sich die Technik, entwuchs mit der Zeit den Palästen und Paramenten und verbreitete sich in allen gesellschaftlichen Schichten. Darüber geben uns erhaltene Stickmustertücher mit ihren überlieferten Alphabeten und regionaltypischen Mustern noch heute Auskunft. Jedoch schien der Kreuzstich in den »modernen Zeiten« des zwanzigsten Jahrhunderts seine faszinierende Wirkung zu verlieren. Er galt lange als hausbackene, aus Urgroßmutters Zeiten stammende Handarbeit und erfährt erst seit Mitte der achtziger Jahre eine Renaissance. Viele Menschen entdecken diese uralte Technik wieder und erleben in ihr eine kreative Ausdrucksform ihrer Empfindungen. Dabei beschreiten sie neue Wege, die ihnen die vielfältigen Materialien und Muster ermöglichen.

Unsere Vorschläge bieten Themen mit Variationen. Die Ideen sind so angelegt, daß sie Ihren Ansprüchen gemäß verwendet werden können. Gleich, ob zur Dekoration Ihres Tisches oder Raumes, zum Aufbewahren von allerlei Kleinkram oder als originelles Geschenk: Ihrer Phantasie sind keine Grenzen gesetzt. Wir möchten Sie bei der Gestaltung und Ausübung dieser – im wahrsten Sinne des Wortes – bestechenden Handarbeit anregen und ermutigen.

Deswegen haben wir neben einer Einführung in die Grundtechniken und -materialien den üblichen Zählmustern häufig Zeichnungen des Gesamtentwurfes zur Orientierung beigefügt. Diese, wie auch die detaillierten Materialhinweise sind mehrfach erprobt von unserem »Club der heißen Nadel«, so daß eigentlich nichts schiefgehen kann.

Erleben Sie ein durch neue Ideen erfülltes Jahr, und sticken Sie mit, denn Sie können es!

Von

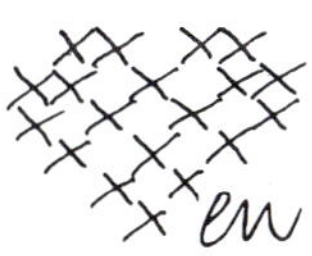

en

Ihre

Edeltraud & Marcus Pastor

Material

Stickgrund

Alle in diesem Buch vorgestellten Modelle wurden auf Stoffe der Firma *Frankfurter Handarbeiten (FHA)* gestickt. Dabei handelt es sich um reine Naturfasern, überwiegend Leinen und Baumwolle.

Die **Bänder** sind weiß oder grau, jeweils mit farbigen Webrändern versehen und beidseitig zu besticken. Sie werden in vier verschiedenen Breiten angeboten.

Die **Fertigranddecken, Platzdeckchen** und **Servietten** sind speziell für Kreuzstickereien gedacht, also fadengenau entwickelt, und können im Fachhandel unter den jeweils angegebenen Namen bezogen werden.

Selbstverständlich können Sie sich auch für anderes Material mit entsprechender Webdichte und Fadenzahl entscheiden. Beachten Sie in diesem Fall aber, daß die Endmaße und Motivgrößen eventuell gegenüber den Angaben im Buch variieren.

Garne

Gearbeitet wurde ausschließlich mit Garnen der Firma *Coats Mez:* mit Nordin (einfädig), Vierfachgarn Nr. 16 und Nr. 25 (je nach Dichte des Stickgrunds) und gelegentlich auch Sticktwist. Damit kann man – wo nötig – die Farbpalette noch

erweitern. Nordin und Vierfachgarn Nr. 25 entsprechen in der Stärke zweifädigem, das Vierfachgarn Nr. 16 vierfädigem Sticktwist.

Zum Sticken mit *Nordin* noch ein kleiner Tip: Wenn Sie den Faden über eine reine Stearinkerze ziehen, splittet er wesentlich weniger und läßt sich auf Leinen leichter verarbeiten. Wird außerdem darauf geachtet, ihn mit »Linksdrall« einzufädeln, vermeiden Sie lästiges Verknoten des dünnen Garns.

Natürlich kann man diese »Schwierigkeiten« auch umgehen, indem man durchweg mit Sticktwist arbeitet. Allerdings hat Sticktwist nicht dieselbe natürlich-matte Wirkung wie dies bei Nordin der Fall ist.

Da die jeweiligen Farben in den verschiedenen Garnarten bei *Coats Mez* stets mit derselben Nummer bezeichnet sind, ist ein Wechsel der Garnart problemlos möglich. Sie können aber ohne weiteres auch entsprechende Garne anderer Fabrikate verwenden.

Sticknadeln

Verwenden Sie Sticknadeln mit stumpfer Spitze. Für die Bänder und Stoffe mit einer Fadendichte von 12 Fäden/cm bietet sich Nr. 22 an, bei den Fertigranddecken und gröberen Stoffen empfiehlt es sich, eine stärkere Nadel zu wählen.

Vorbereitung

Wenn Sie bei Tischwäsche nicht mit fertigen Servietten, Platzdeckchen und Decken arbeiten, sondern sich für Meterware entscheiden, stehen einige Vorarbeiten an.

Stoffmaß und Zuschneiden des Stoffs

Zunächst gilt es, den Stoff genau zuzuschneiden. Die Maße errechnen sich nach den Vorgaben Ihres Tischs, wobei man pro Seite 20 bis 25 cm Stoff zugibt (außer es handelt sich um eine Mitteldecke). Soll außerdem ein Hohlnahtrand gearbeitet werden (siehe S. 10), müssen Sie ringsum noch die geplante Saumbreite x 4 hinzurechnen.

Alle Stickmuster für Tischwäsche sind so angelegt, daß sie durch Vervielfältigung der Rapporte jedem gewünschten Deckenmaß angepaßt werden können.

Diagonalisieren (Ausmitteln) des Stoffs

Bei quadratischen Decken empfiehlt sich vor dem fadengenauen Zuschneiden das Diagonalisieren des Stoffs. Dazu wird ein Faden von zwei nebeneinanderliegenden Ecken aus diagonal mit Vorstichen durch das Gewebe gereiht. Gleichzeitig haben Sie damit die Deckenmitte bestimmt, von der ausgehend die meisten Muster zu sticken sind. Bei manchen Mustern erübrigt sich das Ausmitteln allerdings, da die genaue Plazierung der Motive durch Angabe von Stichen oder Zentimetern (gemessen vom Deckenrand oder der Tischkante) ausreichend beschrieben werden kann.

Sollten Sie sich für eine Fertigranddecke entscheiden, bleibt zur Vorbereitung gegebenenfalls nur das Diagonalisieren.

Nach Diagonalisierung und genauem Zuschnitt können Sie die Decke nun nach Wunsch mit einer Spitze einfassen, mit einem Hohlnahtrand versehen oder durch einen Hohlsaum zieren (siehe rechts). Kissen mit Hohlnahtrand werden analog vorbereitet und nach Abschluß der Stickerei mit Steppstichen (siehe S. 11) zusammengenäht.

Hohlsaum

Für die im Buch vorgestellten Arbeiten ist der Hohlsaum als Zierstich gedacht. Er eignet sich hervorragend zur Kombination mit dem Kreuzstich. Dabei beschränken wir uns absichtlich auf klassische Grundmuster und verzichten ganz auf die sogenannten Spinnen in den quadratischen Löchern. Verwendet wird der *einfache Hohlsaumstich,* bei dem Sie einen oder mehrere Gewebefäden ausziehen und auf der rechten Stoffseite von links nach rechts arbeiten.

Beim **Stäbchenhohlsaum** legen Sie beidseits der Fadenrinne den einfachen Hohlsaumstich an und bündeln die freigelegten Fäden.

Für den **Zickzackhohlsaum** muß eine ungerade Anzahl von Gewebefäden ausgezogen werden. Beide Seiten der Fadenrinne fassen Sie wieder im einfachen Hohlsaumstich; allerdings sind die Fadenbündel am gegenüberliegenden Rand versetzt zu arbeiten.

Beim **Hexenstich** läßt man in der Mitte der Fadenrinne einige Fäden stehen. Hier werden dann parallel oder versetzt die senkrechten Kettfäden gebündelt. Die Außenkanten der beiden Fadenrinnen werden wie beim Stäbchenhohlsaum mit einfachem Hohlsaumstich gefaßt.

Einfacher Hohlsaum

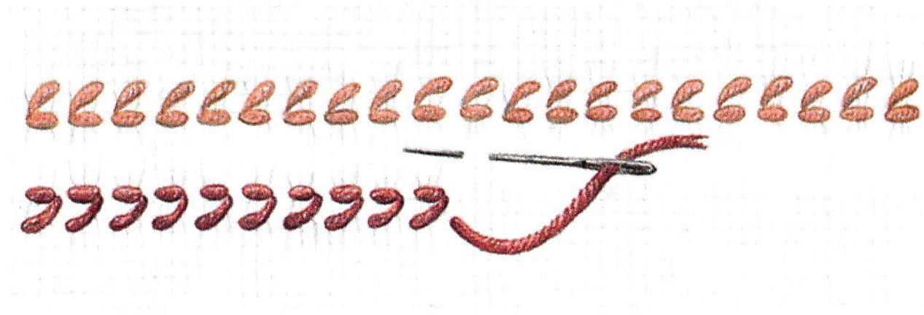

Stäbchenhohlsaum

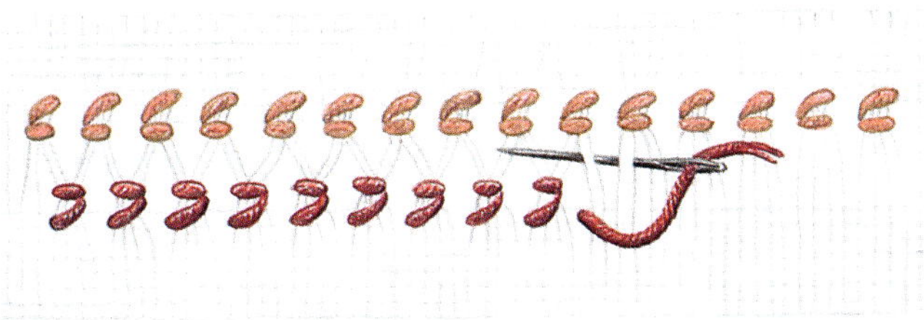

Zickzackhohlsaum

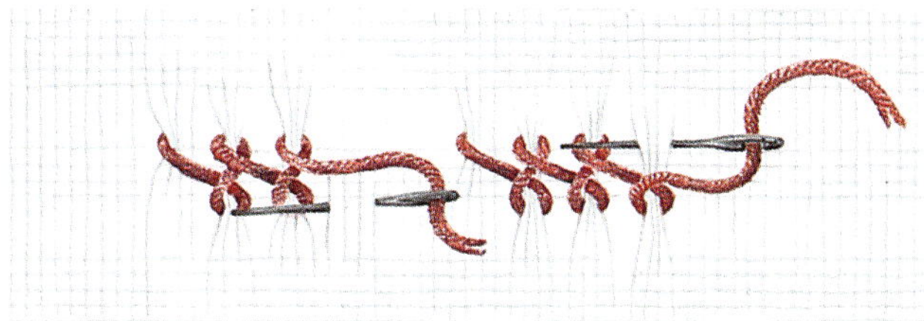

Hexenstich (parallel)

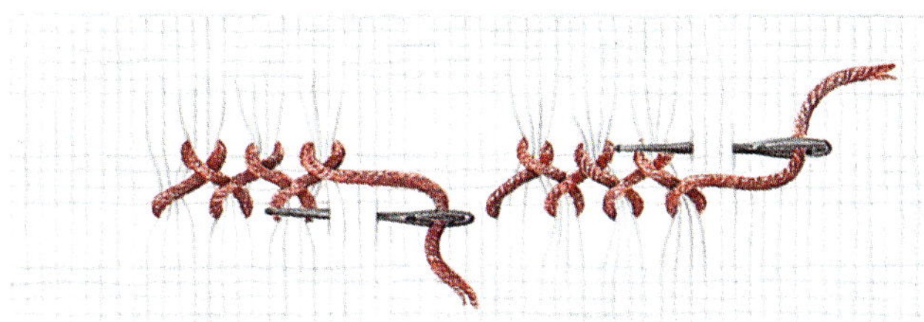

Hexenstich (versetzt)

Aufwendiger zu arbeiten, aber besonders dekorativ wirken *Verschränkungen* der Fadenbündel. Dazu müssen Sie die Fadenrinne sehr weit arbeiten und die Kanten zunächst wieder mit Stäbchenhohlsaum einfassen.
Es bieten sich folgende Möglichkeiten:

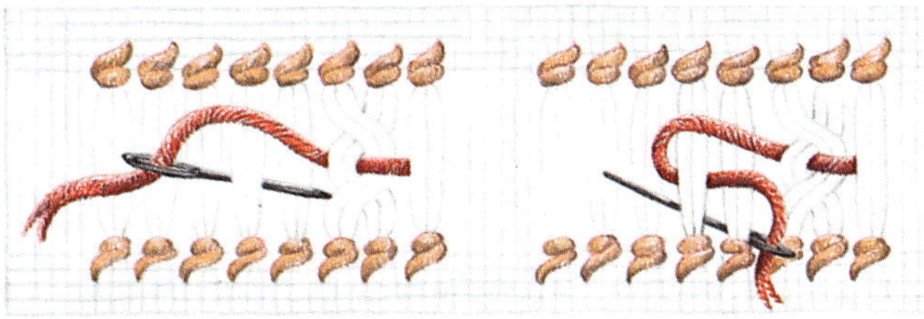

Einfache Verschränkung

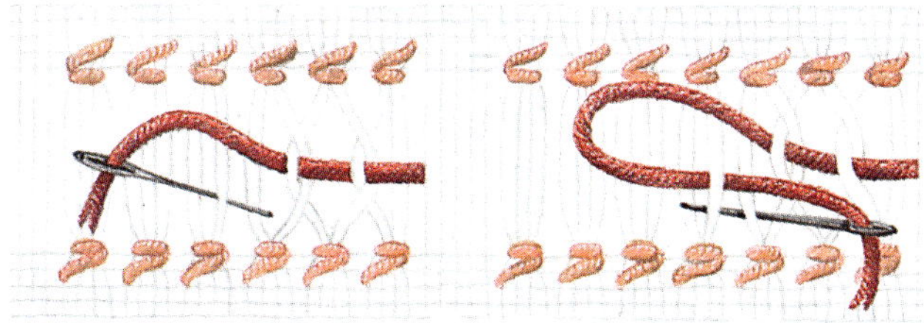

Verschränkung mit geteilten Fadenbündeln

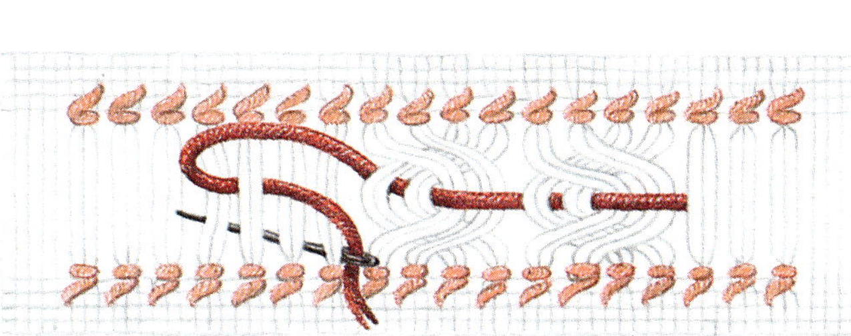

Paarweise Verschränkung mit vier ungeteilten Fadenbündeln

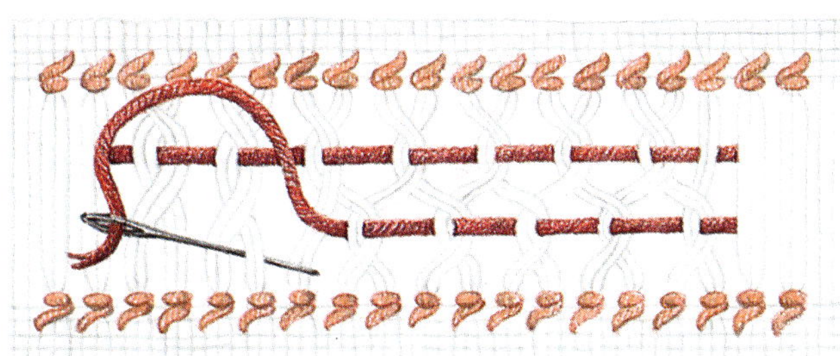

Verschränkung in zwei Reihen – um ein Fadenbündel versetzt

Hohlnahtrand

Der Hohlnahtrand gehört für die meisten Stickerinnen zu den »niederen Arbeiten, die vorneweg getan hinterher das Vergnügen verdoppeln« (mindestens). Dafür schneiden Sie den Stoff auf das gewünschte Maß zu und geben ihm die spätere Saumbreite x 4 zu. Dann legen Sie ihn mit der linken Seite nach oben.

① Stecken Sie nun jeweils Nadeln an die Stellen des Ein- und Überschlags. Zählen Sie dafür die Anzahl der Gewebefäden ab: Der Überschlag (B) sollte einen Faden breiter sein als der Einschlag (A). Mit einer dritten Nadel markieren Sie zunächst die Oberkante der Fadenrinne für die Hohlnaht. Die Anzahl der Gewebefäden bis dorthin sollte der des Überschlags entsprechen (C). Für die Fadenrinne können Sie nun nach Wunsch einen oder mehrere Gewebefäden genau bis zum Kreuzungspunkt an der Ecke ausziehen. Die überstehenden Enden werden nach Anfertigung der Ecke in den Rand eingezogen – es sei denn, man nutzt sie für die Ecknaht.

② Falten Sie nun den Einschlag um und legen Sie die Ecke – diagonal zur Fadenrinne. Diese Falzkante wird gekennzeichnet, indem Sie mit einer geschlossenen Schere über den Stoffbruch fahren.

③ Nun falten Sie den Stoff wieder auf und schneiden die Ecke so ab, daß ungefähr ein Viertel oberhalb der diagonalen Markierungslinie stehenbleibt.

④ Schlagen Sie die Kanten – Einschlag und Ecke – an den Markierungslinien wieder ein.

⑤ Dann falten Sie auch den Überschlag nach innen bis zur Fadenrinne und befestigen den Rand mit einfachem Hohlnahtstich (siehe S. 9). Dabei werden Fadenrinne und Überschlag miteinander verbunden. Die Ecke schließen Sie mit kleinen überwendlichen Stichen (siehe S. 15).

TIP
Die in der Skizze gezeigte Fassung des Überschlags ist mit großzügigen Hohlsaumstichen angelegt. Eleganter wird der Saum, wenn Sie immer nur einen Gewebefaden an der Kante des Überschlags aufnehmen und umschlingen.

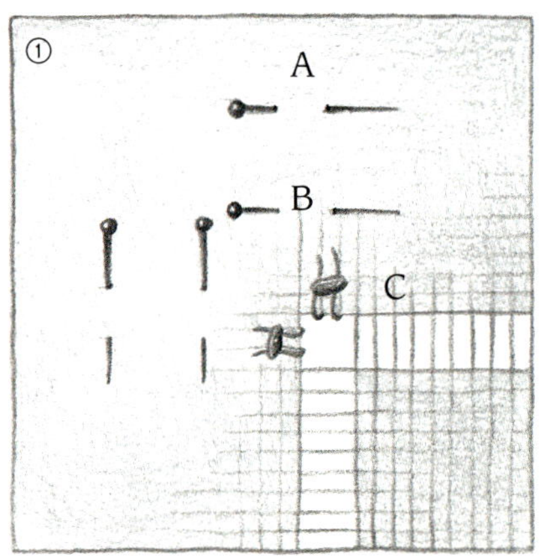

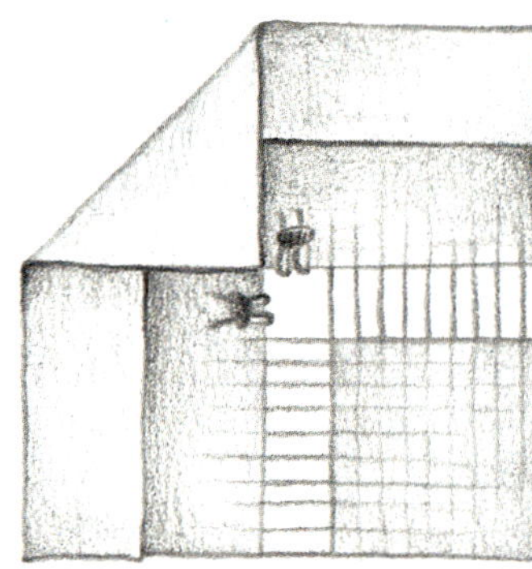
②

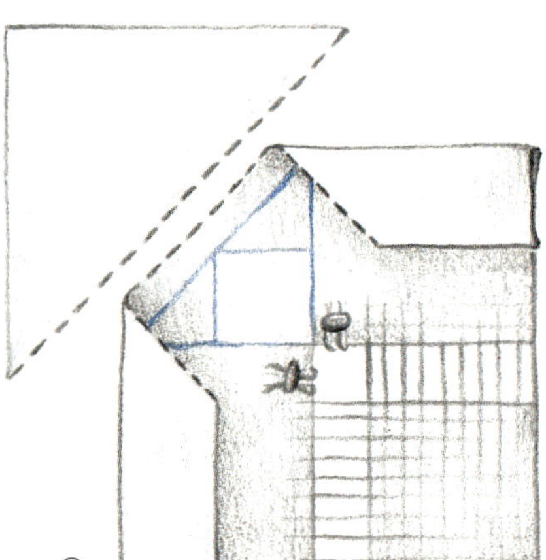
③

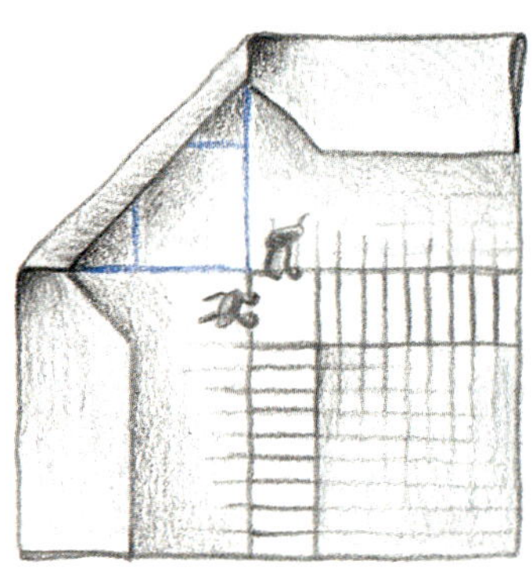
④

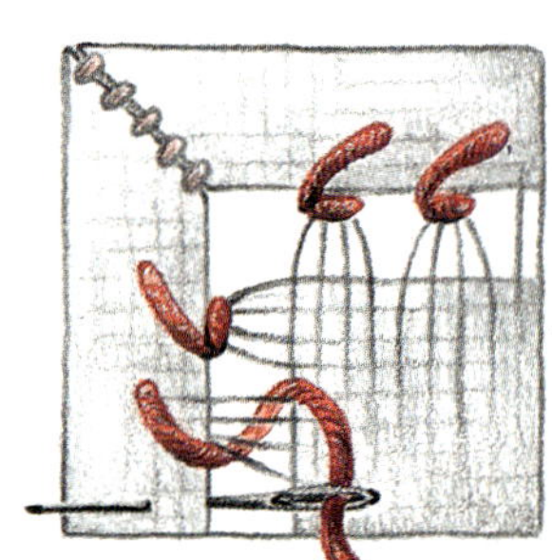
⑤

Bänder mit Tütenecke

① Möchten Sie die Bänder im eigentlichen Sinn säumen und zu einer Tütenecke arbeiten, werden alle Kanten des Gewebes mit dem Hohlnahtstich versäubert. Anschließend falten sie die rechte Seite des Bandes längs nach innen und nähen beide Hälften mit einer Steppstichnaht zusammen.

② Wenn Sie nun das Band wenden, können Sie die Spitze mit einer stumpfen Schere oder ähnlichem herausschieben.

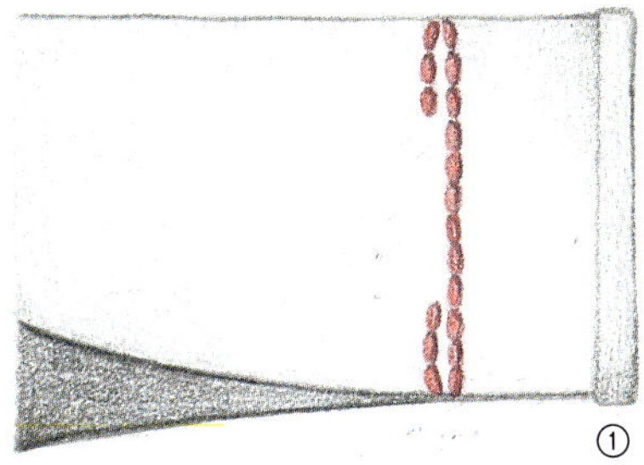
①

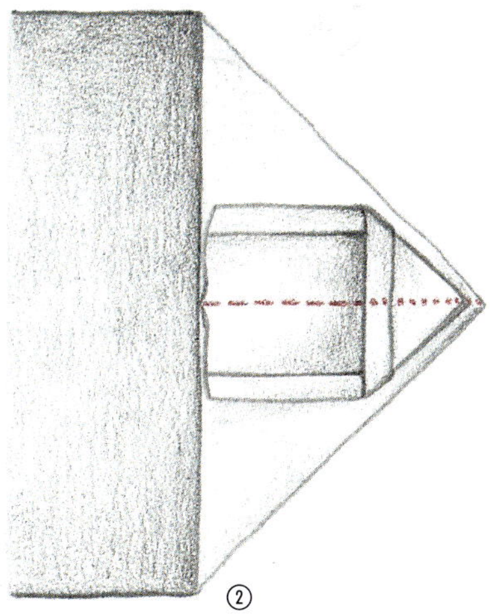
②

Sticken

Kreuzstich

Der Kreuzstich wird in Höhe und Breite über jeweils zwei Gewebefäden angelegt, d.h. es wird in jedes zweite Loch eingestochen. Bei Aida-Stoffen hingegen führt der Stich von Loch zu Loch.

Der Grundstich, die erste Hälfte jedes Kreuzstichs, erfolgt immer von links unten nach rechts oben, der Deckstich genau entgegengesetzt von rechts unten nach links oben. Liegen mehrere gleichfarbige Stiche nebeneinander, arbeiten Sie in Hin- und Rückreihe: Zuerst werden alle Grund-, dann die Rückstiche angelegt.

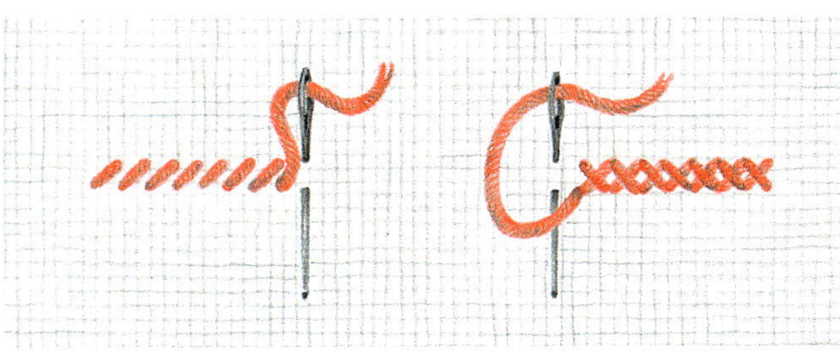

Kreuzstich in waagerechten Reihen

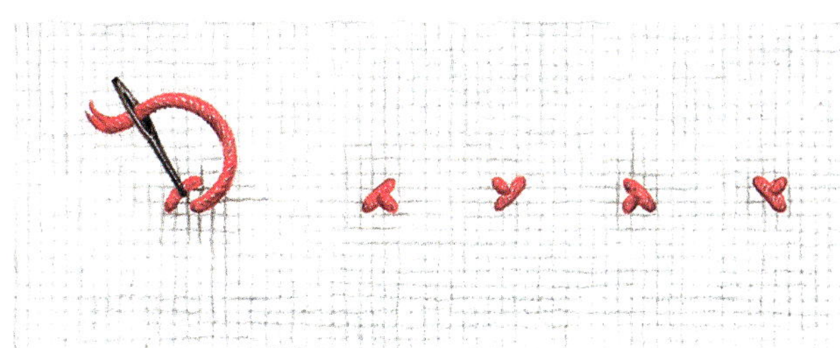

Halber Kreuzstich

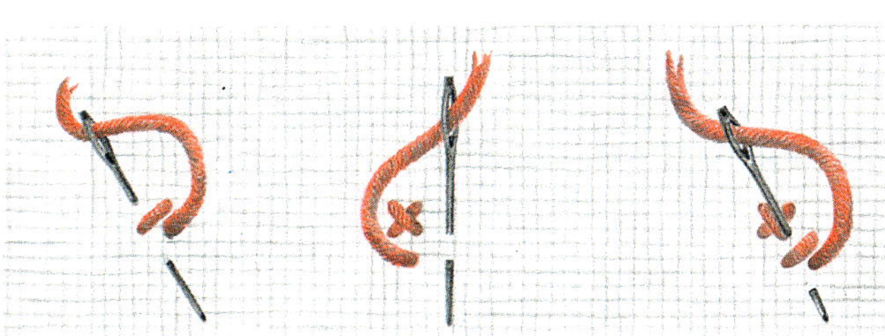

Kreuzstich in diagonalen Reihen

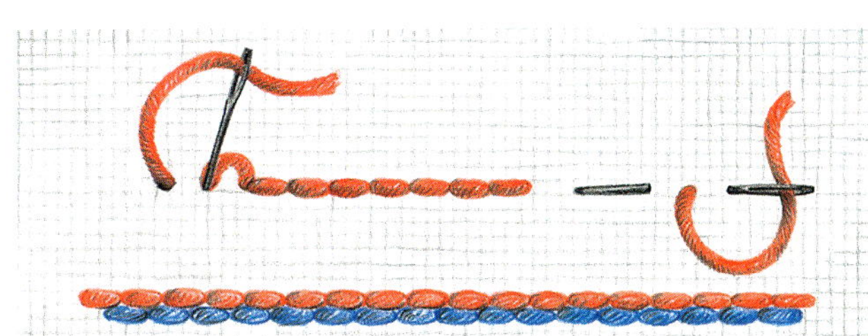

Rückstich (Steppstich)

Einzelne Stiche dagegen sticken Sie gleich mit Grund- und Deckstich fertig.

Rückstich

Der Rück- oder Steppstich ist ein einfacher Stich über zwei Fäden. Zumeist wird er waagrecht oder senkrecht, manchmal aber auch diagonal wie Grund- oder Deckstich des Kreuzstichs angelegt.

Fäden vernähen

Ist das Ende eines Fadens erreicht oder haben Sie ein Motiv fertiggestickt, wird der Faden – beim Kreuz- und auch beim Steppstich – an der Rückseite vernäht, ebenso der Fadenbeginn. Dabei ziehen Sie ihn durch etwa 10 Stiche und schneiden das überstehende Ende ab. Der bei Näharbeiten so probate Knoten eignet sich beim Sticken nicht, da er sich spätestens beim Bügeln des Leinens auf der Vorderseite durchdrückt. Den Faden einfach hängenzulassen, empfiehlt sich gar nicht, denn einerseits besteht so die Gefahr, daß sich die Stiche auflösen, andererseits scheinen die farbigen Fadenenden leicht durch den Stoff durch. Ein »professioneller Kreuzstichler« vermeidet das Chaos auf der Rückseite.

Zählvorlagen

Gestickt werden die Muster nach den jeweils beigegebenen Zählvorlagen. Sie enthalten alle für das Modell notwendigen Angaben. Jedes Kästchen mit verschiedenen Symbolen für die jeweiligen Garnfarben steht für einen Kreuzstich; halbe Kreuzstiche sind in die entsprechend gekennzeichneten Ecken zu sticken. Steppstiche sind durch Linien dargestellt.

Auf den Bändern sind die Muster in der Regel mittig angelegt, wobei die Mitte meist durch einen Pfeil angegeben ist. Abweichungen von diesem Prinzip werden in den Beschreibungen erläutert.

Da einige Modelle den Rahmen einer Seite sprengen, wurden gelegentlich zusätzliche Hinweise für die Plazierung erforderlich – z.B. Angaben zum Abstand zwischen einzelnen Motivteilen. Diese finden Sie sowohl in der Zeichnung als auch in der Kurzbeschreibung. Da jedem dieser »Großprojekte« noch eine verkleinerte Komplettübersicht beigefügt ist, kann eigentlich nichts mehr schiefgehen.

Fertigstellen

Säumen der Bänder

Um Bänder zu säumen, gibt es die unterschiedlichsten Möglichkeiten: So können Sie den Stoff über einige Zentimeter bis an den Rand des Stickmusters einfach ausfransen (Beispiel für eine Randlösung siehe unten); die dort angelegten Kreuzstiche verhindern eine weitere »Auflösung« des Stoffs.

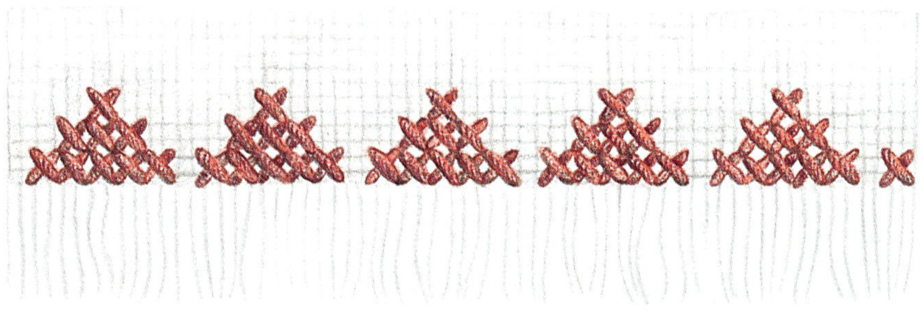

Eine andere Variante besteht darin, mit dem ausgefransten Faden verschiedene Zierkanten anzufertigen.

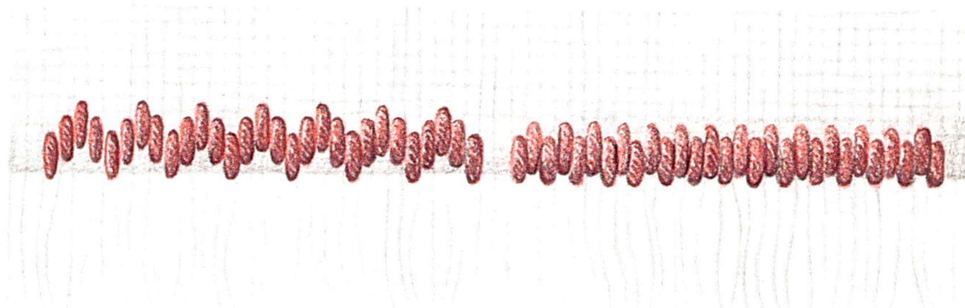

I II

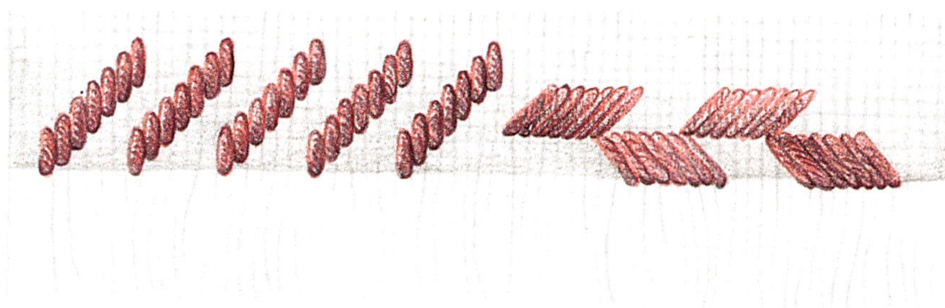

Oder Sie wählen beispielsweise einen Makrameeabschluß, arbeiten Indianerperlen ein, . . .

III IV

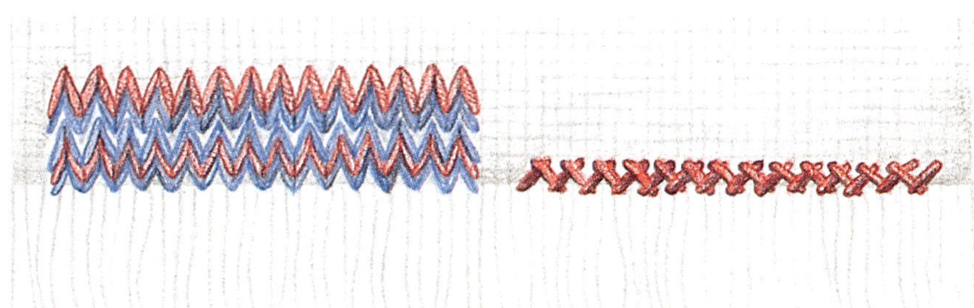

TIP
Sie können für den Knoten auch die Kettfäden des Gewebes verwenden.

V VI

① *Einhängen der Fäden*

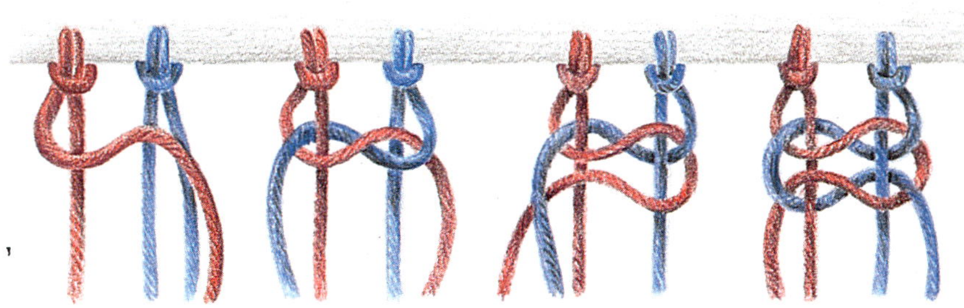

② *Weberknoten*

③ *Geknüpfte Fransen*

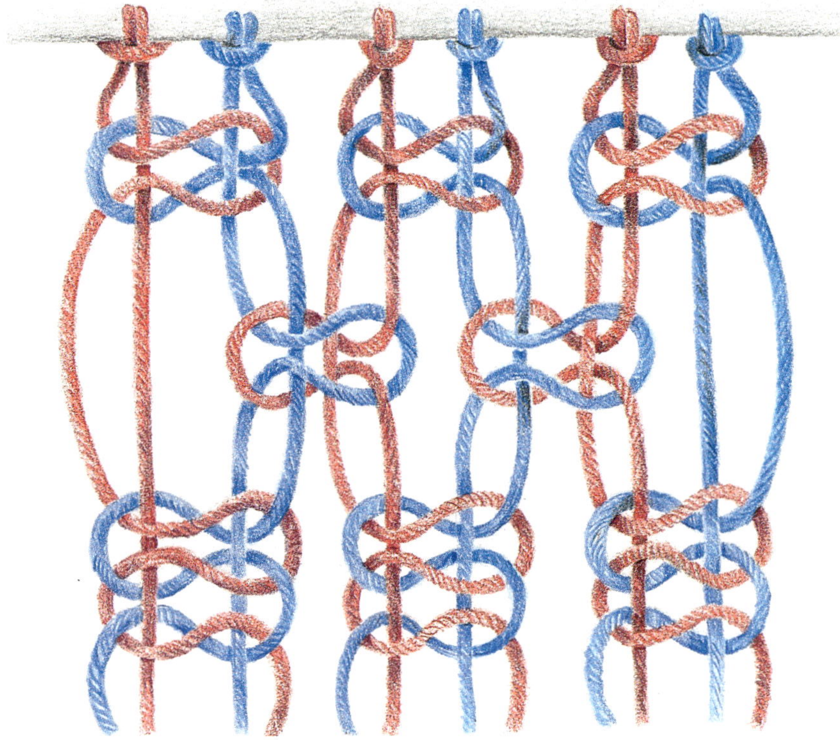

Bänder zu Schleifen binden

Das Binden eines Bands zu einer Schleife erscheint auf den ersten Blick schwieriger, als es ist.

① Legen Sie die beiden Enden des Bands nebeneinander.

② Dann ziehen Sie die dabei entstandene Spitze auf Schleifenbreite nach unten.

③ Nun ziehen Sie ein Satinband (oder eine Kordel) unter dem Leinen durch, das Sie ein wenig ankräuseln. Kreuzen Sie die Enden vorn und führen Sie sie nochmals nach hinten.

④ Abschließend verknotet man das Satinband auf der Vorderseite und bildet eine Schleife.

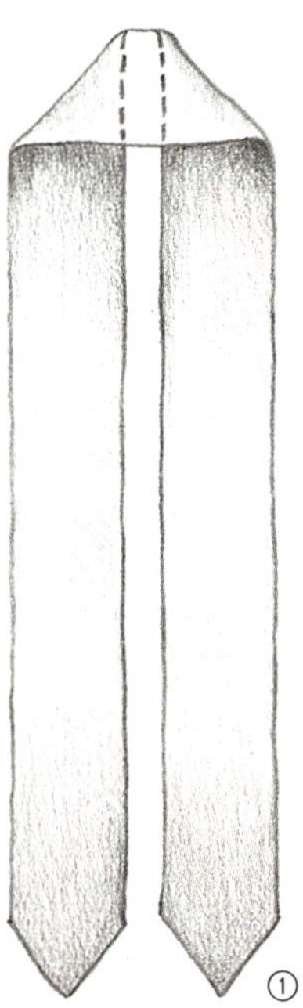

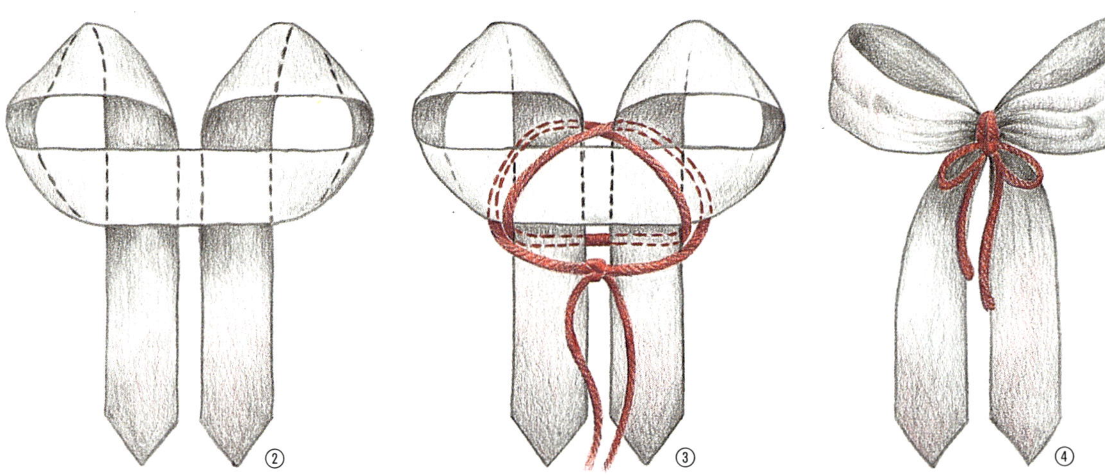

Säckchen fertigstellen

Wenn Sie für die Säckchen (siehe Foto rechts) gewebte Schlauchware von *Frankfurter Handarbeiten* verwenden, brauchen Sie nur noch die obere und untere Schnittkante mit Hohlnahtstich (siehe S. 9) zu versäubern. Um nach Beendigung der Stickarbeit die Unterseite zu verschließen, wenden Sie den Schlauch auf die linke Seite und nähen beide Kanten mit Steppstich (siehe S. 11) zusammen.

Werden Beutel oder Säckchen aus einzelnen Läufern oder Band gearbeitet, müssen Sie – neben der Versäuberung der Enden – auch die Seiten mit überwendlichem Stich zusammennähen. Dabei sind möglichst kleine Stiche zu empfehlen.

Zusammenbinden kann man die Säckchen ganz einfach mit schmalem, etwa 30 cm langem Satinband.

Bügeln

Erst durch das Bügeln wird die fertige Stickarbeit ihre volle Wirkung entfalten. Dazu legt man das Gestickte mit der rechten Seite nach unten auf eine weiche, weiße Unterlage, deckt es mit einem feuchten Tuch ab und bügelt langsam, aber mit einem gewissen Druck. Natürlich kann man auch ein Dampfbügeleisen benutzen, aber nach Großmutters Art mit Tuch und Bügeleisen gelingt es einfach besser.

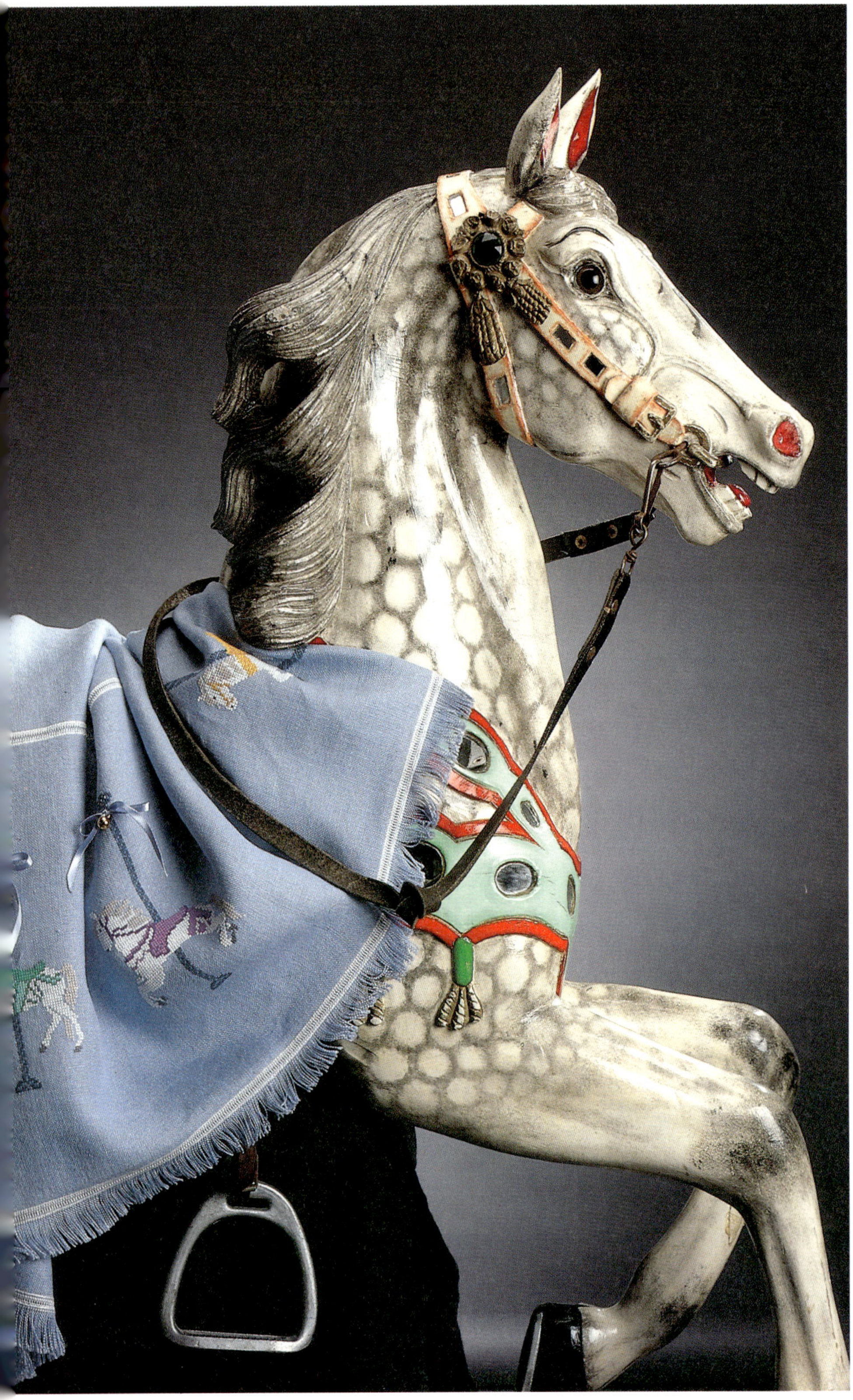

Schön ist so ein Ringelspiel

Der Jahrmarkt als immer wiederkehrendes Ereignis auf dem Weg durch ein Jahr hat uns zum Entwurf dieser Reihe inspiriert. Karussellpferde: ein nostalgisches und ein wenig melancholisches Motiv.

Daß wir dabei gerade die stolzen Rösser gewählt haben, hat zum einen schlicht mit Bildern aus Kindertagen zu tun. Darüber hinaus aber ist das Karussellpferd für die traditionsreichen Schaustellerfamilien das Symbol schlechthin. Ursprünglich, das heißt im Mittelalter, bezeichnete das Wort »Karussell« ein Reiterspiel. Erst seit dem Ende des 18. Jahrhunderts steht es für eine »sich drehende Rundbahn mit Reit- und Fahrsitzen« (dtv Brockhaus Lexikon, 1986).

Schimmelparade

Ein ungewöhnliches Motiv für eine Tischdecke, die zu festlichen Gelegenheiten mit ihren Glöckchen für heitere Stimmung sorgen wird. Besonders Kinder werden daran ihre Freude haben.

Stoff: Reinleinen, hellblau, 10 Fäden/cm, 160 cm breit *(FHA)*
Zuschnitt: Tischfläche plus 70 cm, so daß an allen Tischkanten 35 cm herabhängen
Garn: *Nordin (Coats Mez),* für 16 Pferde je 1 Strang Nr. 298, 307, 88, 118, 119, 109, 112, 978, 185, 188, 360; je 2 Stränge Nr. 399, 1036; 9 Stränge Nr. 2
Außerdem: je Pferd 30 cm Satinband, hellblau; 1 Kugelglocke
Motivgröße: je Pferd 11 cm Breite, 18 cm Höhe
Zählmuster: siehe Ponykarussell (Farblegende beachten!)

So wird's gemacht
Rund um die Tischkante einen Zickzackhohlsaum (siehe S. 9) und 3 cm vom Stoffrand entfernt einen Stäbchenhohlsaum (siehe S. 9) arbeiten. Auf den Randstreifen, der durch die beiden Hohlsäume begrenzt wird, mittig die Pferde in gleichmäßigen Abständen sticken. Dabei werden die Stäbe jeweils nach oben um 20 Stiche in der Musterfolge verlängert. Den Rand bis zum äußeren Hohlsaum ausfransen. Nach dem Bügeln Satinband und Glocke einbinden, wie auf dem Foto zu sehen. (Bänder und Glocken müssen zum Waschen aus der Decke entfernt werden.)

Ponykarussell

Mit dieser quadratischen Mitteldecke beleben Sie Ihren Tisch ganz enorm. Frische Farben und die Variation in der Bewegung der Pferde tragen dazu bei.

So wird's gemacht
Das Eckpferd (siehe Zählmuster) nimmt das Quadrat von 53 x 53 Stichen ein. Dazwischen werden an jeder Seite 3 Pferde (Pferd 1, 2, 3) gleichmäßig auf das Rechteck mit 211 x 53 Stichen verteilt. Zwischen Stoffrand und Pferd sowie zwischen den Pferden bleiben jeweils 13 Stiche frei.

Stoff: Aida-Zählfelderdecke *»Malmö«*, hellblau, 90 x 90 cm, je Zählfeld 211 x 53 Stiche (FHA)
Garn: *Anchor*-Sticktwist *(Coats Mez)*, dreifädig; 1 Strang Nr. 399; je 2 Stränge Nr. 86, 88, 185, 188, 360, 978; je 3 Stränge 351, 363, 1036; je 4 Stränge 339, 365
Motivgröße: je Pferd etwa 14,5 cm Breite, 12,5 cm Höhe

Schimmel

Körper: Farbe 2
Mähne: 399

= 118
= 119
= 185
= 188
= 109
= 112
= 298
= 307
= 360
= 399
= 978
= 1036

Ponys

= 360
= 399
= 978
= 1036
= 363
= 365
= 86
= 88
= 339
= 351
= 185
= 188

Geliebtes Maßliebchen

Mit zu den ersten Frühlingsboten in unseren Breiten zählen die Maßliebchen oder Gänseblümchen – ein schlichtes, aber sehr reizvolles und frisches Motiv für eine Kollektion, die das Grau des Winters vertreibt. Dabei reichen die hier vorgestellten Variationen von der wild wachsenden Form bis zur veredelten Züchtung. Und auch ganz buchstäblich wollten wir das Gänseblümchen einmal in Stickerei umsetzen ...

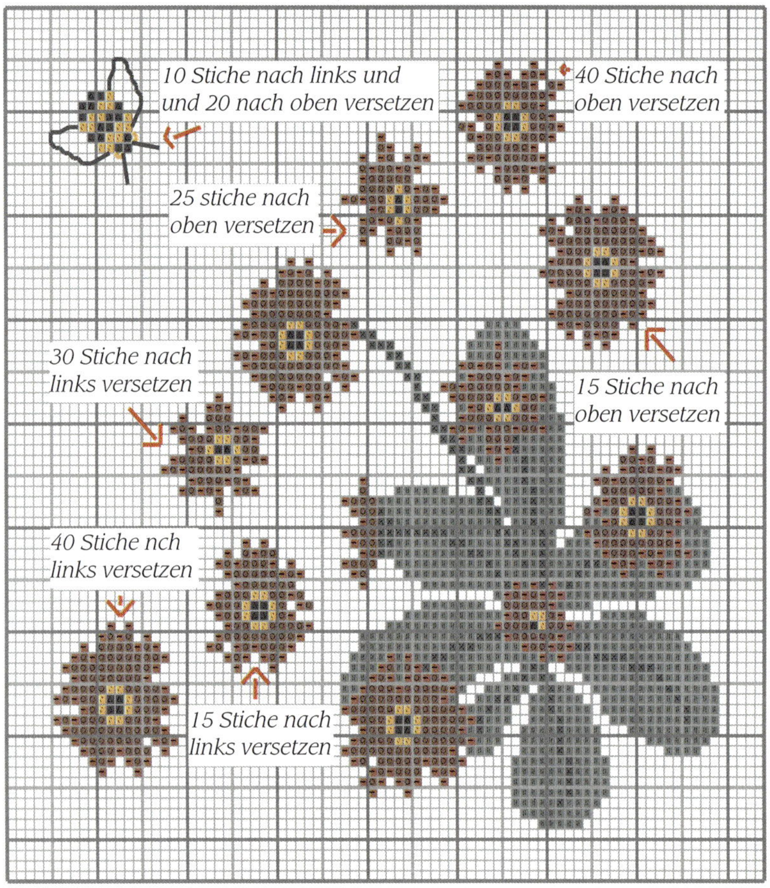

= 306
= 13
= 1015
= 216
= 217
= 683

Blumenwiese

Mit dieser Tischdecke holen Sie sich den Charme der ersten Frühlingstage im Garten ins Haus.

So wird's gemacht
Das Eckmotiv wird jeweils 10 Stiche von den Webkanten entfernt gestickt. Die Decke in jeder Ecke drehen.

Stoff: Fertigranddecke *»Salzburg«,* Reinleinen, 10 Fäden/cm, 85 x 85 cm *(FHA)*
Garn: *Nordin* (*Coats Mez*), je 1 Strang Nr. 306, 13, 217, 683; je 2 Stränge 216, 1015
Motivgröße: je Ecke 23 x 23 cm (114 x 114 Stiche)

Das große Maßliebchen, die einzelnen Blüten und die Biene eignen sich hervorragend, um damit passende Tischsets und Servietten nach Belieben zu gestalten.

Gänsemarsch

Weniger lieblich, aber genauso blütenrein und adrett wirkt diese »Festtagsgans«, deren Marsch von Herzen und frischem Blau-Weiß begleitet wird.

Stoff: Leinenstickband roh/blau, 11 Fäden/cm, 80 mm breit (40 Stiche), 70 cm lang *(FHA)*
Garn: *Nordin (Coats Mez),* Nr. 2, 307, 397, 131
Außerdem: 4 Knöpfe, Motiv Gans *(EMS)*; weißes Satinband
Motivgröße: Gans: 4,8 x 6,5 cm (28 x 38 Stiche)

So wird's gemacht
Die Bandenden zu Tütenecken fertigen (siehe S. 11). Als Zierde je 5 Herzen gleichmäßig verteilt in die Spitzen sticken. Die Gans nach Zählmuster ausarbeiten.

Soloauftritt

Etwas vergrößert darf die Gans diesmal auf einem Säckchen ganz alleine imponieren.

So wird's gemacht
Sehen Sie 6 cm oben für den Einschlag nach innen vor. Die Gans wird ans untere Ende des Schlauchs gestickt; auf den

Einschlag einen Knopf nähen, der von vorn sichtbar ist, und einige Herzen verteilt plazieren. Das Säckchen nähen Sie von links zu (siehe S. 15).

Stoff: Leinenschlauch roh/weiß, 8 Fäden/cm, 135 mm breit (53 Stiche), 30 cm lang *(FHA)*
Garn: *Nordin (Coats Mez),* Nr. 2, 307, 131
Außerdem: 1 Knopf, Motiv Gans *(EMS)*; weißes Satinband
Motivgröße: Gans: 6,5 x 9,5 cm (28 x 38 Stiche)
Zählmuster: siehe Gänsemarsch

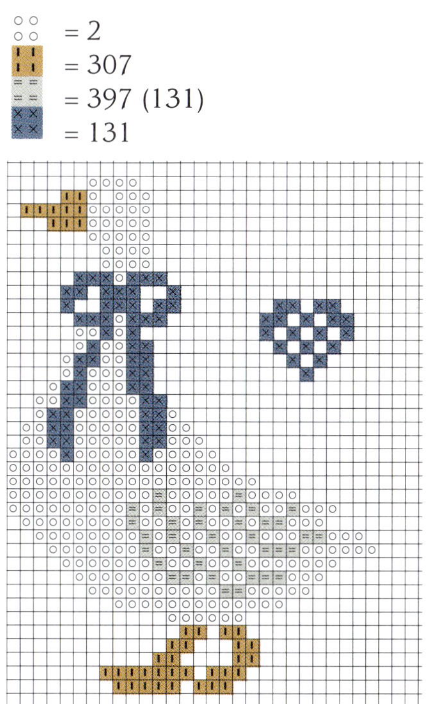

Sag es durch ein Gänseblümchen

Auch ohne zusätzlichen Zierat kann das bescheidene Gänseblümchen auskommen. Sagen Sie's einmal durch die Blume!

Stoff: Leinenschlauch roh/weiß, 8 Fäden/cm, 135 mm breit (53 Stiche), 40 cm lang *(FHA)*
Garn: *Nordin (Coats Mez),* Nr. 2, 298, 209, 211
Außerdem: nach Wunsch 1 Knopf, Motiv Gans *(EMS)*; Satinband weiß/lindgrün
Motivgröße: 9 x 17 cm (42 x 73 Stiche)
Zählmuster: siehe Gratuliere

So wird's gemacht

Sehen Sie 6 cm oben für den Einschlag vor. Die Blume wird ans untere Ende des Schlauchs gestickt; auf den Einschlag nach Wunsch einen Knopf nähen (oder eine einzelne Blüte sticken), der von vorn sichtbar ist. Das Säckchen nähen Sie von links zu (siehe S. 15) und Zählmuster S. 24.

Gratuliere

Ob Sie dieses Band zum Geburtstag, einem Jubiläum oder anderen Anlässen verschenken: Eine freudige Überraschung wird Ihnen damit immer gelingen! Vor allem, wenn es ein »Gänse«-Blümchen ist.

So wird's gemacht

Zunächst arbeiten Sie die Bandenden zu Tütenecken aus (siehe S. 11). Mit Steppstichen fertigen Sie dann nach Ihrem Geschmack in der Spitze eine Zierleiste an, die die Webkante des Leinenbands fortsetzt und schließt. Der Schriftzug »Gratuliere« wird im Abstand von 7 cm zur Spitze gestickt, das Gänseblümchen im Abstand von 4 cm. Das schmale Band binden Sie mit dem Satinband zur Schleife (siehe S. 14), das breite wird offen dahintergesteckt.

Stoff: 1 Leinenstickband roh/weiß, 11 Fäden/cm, 110 mm breit (55 Stiche), 90 cm lang *(FHA)*; 1 Leinenstickband roh/weiß, 11 Fäden/cm, 80 mm breit (40 Stiche), 80 cm lang *(FHA)*
Garn: *Nordin (Coats Mez),* je 1 Strang Nr. 298, 209, 211
Außerdem: nach Wunsch 7 Knöpfe, Motiv Gans; je 1 Knopf Motiv Mädchen bzw. Junge *(EMS)*; weißes Satinband
Motivgröße: Blume: 8 x 14 cm (42 x 73 Stiche), Gratuliere: 18 x 5 cm (95 x 27 Stiche)

Gänsereigen

Als Ergänzung zum Gratuliere-Band oder für ein ganz eiliges Geschenk: eine kleine Aufmerksamkeit, die von Herzen kommt.

Stoff: ein Leinenrest, grau, 11 Fäden/cm
Zuschnitt: entsprechend dem Durchmesser der Dose
Garn: *Nordin (Coats Mez),* Nr. 209
Außerdem: 7 Knöpfe, Motiv Gans *(EMS)*; Porzellandose für Stickereien *(Permin)*
Zählmuster: siehe Gratuliere

So wird's gemacht
In die Mitte des Leinens sticken Sie lediglich das Blüteninnere des Gänseblümchens. Kreisförmig werden dann darum die Knöpfe angenäht. Befestigung des Motivs nach Montageanleitung bei der Dose.

Eier in Hülle und Fülle

Zwölf verschiedene Eiermuster bilden die Grundlage für fast unbegrenzte Dekorationsideen rund um das Osterfest. Und da das Stickfest wohl noch in der vorösterlichen Fastenzeit stattfinden wird, besteht auch keine Fleckengefahr durch Schokoladenfinger...

Klassisches Mustertuch

Ursprünglich dienten Merk- oder Sammeltücher als eine Art Notizbuch für Muster. Sie verschwanden dann im Wäscheschrank oder Nähkästchen der Frauen und Mädchen und dienten ein Leben lang als Mustervorlage für Aussteuer und Kleidungsstücke. Heute werden die attraktiven Tücher als Wandschmuck in Bilderrahmen oder als Deckchen verwendet; sie eröffnen aber darüber hinaus eine Vielzahl an kreativen Gestaltungsmöglichkeiten.

Stoff: Zählleinen, 10,3 Fäden/cm, 50 x 60 cm *(FHA)*
Garn: *Anchor* Sticktwist *(Coats Mez)*, zweifädig;
3 Stränge Nr. 131, 2 Stränge Nr. 134
Außerdem: ein Rahmen, dunkelblau, 50 x 60 cm;
ein Passepartout mit Ausschnitt 30 x 38,5 cm
Motivgröße: 26 x 34,5 cm
(131 x 183 Stiche)

So wird's gemacht
Das Mustertuch nach dem Zählmuster sticken. Über Karton spannen und in einen Rahmen geben.

▒ = 131
▓ = 134

Osterfrühstück

Diese Platzdeckchen mit jeweils leicht variierten Eiermotiven in den Ecken verleihen dem Osterfrühstück einen dezent-festlichen Rahmen.

Stoff: Zählleinen, 10,3 Fäden/cm *(FHA)*
Zuschnitt: je Deckchen 36 x 46 cm
Garn: *Anchor* Sticktwist *(Coats Mez),* zweifädig; je 1 Strang Nr. 131 und 134

So wird's gemacht
Bilden Sie einen Hohlnahtrand (siehe S. 10) mit 3 cm Saumbreite. Das Eckmotiv mit den Eiern setzt unmittelbar an diesem an, die Bordüren (siehe Mustertuch S. 26/27 und Übersicht S. 29) werden so weit wie möglich an den Hohlsaum herangearbeitet. Das Eckmotiv selber ist jeweils ein »Dreiersatz« aus der Eckborte der Decke. Die Ergänzung der jeweiligen Eck-Eier ist problemlos aus dem Mustertuch zu arbeiten.

Osterkaffee

Für den festlichen Nachmittagskaffee an den Osterfeiertagen paßt diese Tischdecke besonders gut.

Stoff: Fertigranddecke »Isar«, 11 Fäden/cm, 80 x 80 cm *(FHA)*
Garn: *Anchor* Sticktwist, zweifädig; je 4 Stränge Nr. 131 und 134
Motivgröße: je Eckmotiv 24 x 25,5 cm (131 x 141 Stiche)

So wird's gemacht
Legen Sie das Eckmotiv der Eier jeweils an der Webkante der Decke an; die Decke dabei in jeder Ecke drehen. Das Motiv entspricht dem vierfarbigen, auf hell- und dunkelgrau reduziert. Die Mitte des quadratischen Tischdecke wird mit dem Zentralmotiv aus dem Mustertuch (24 x 24 cm) verziert.

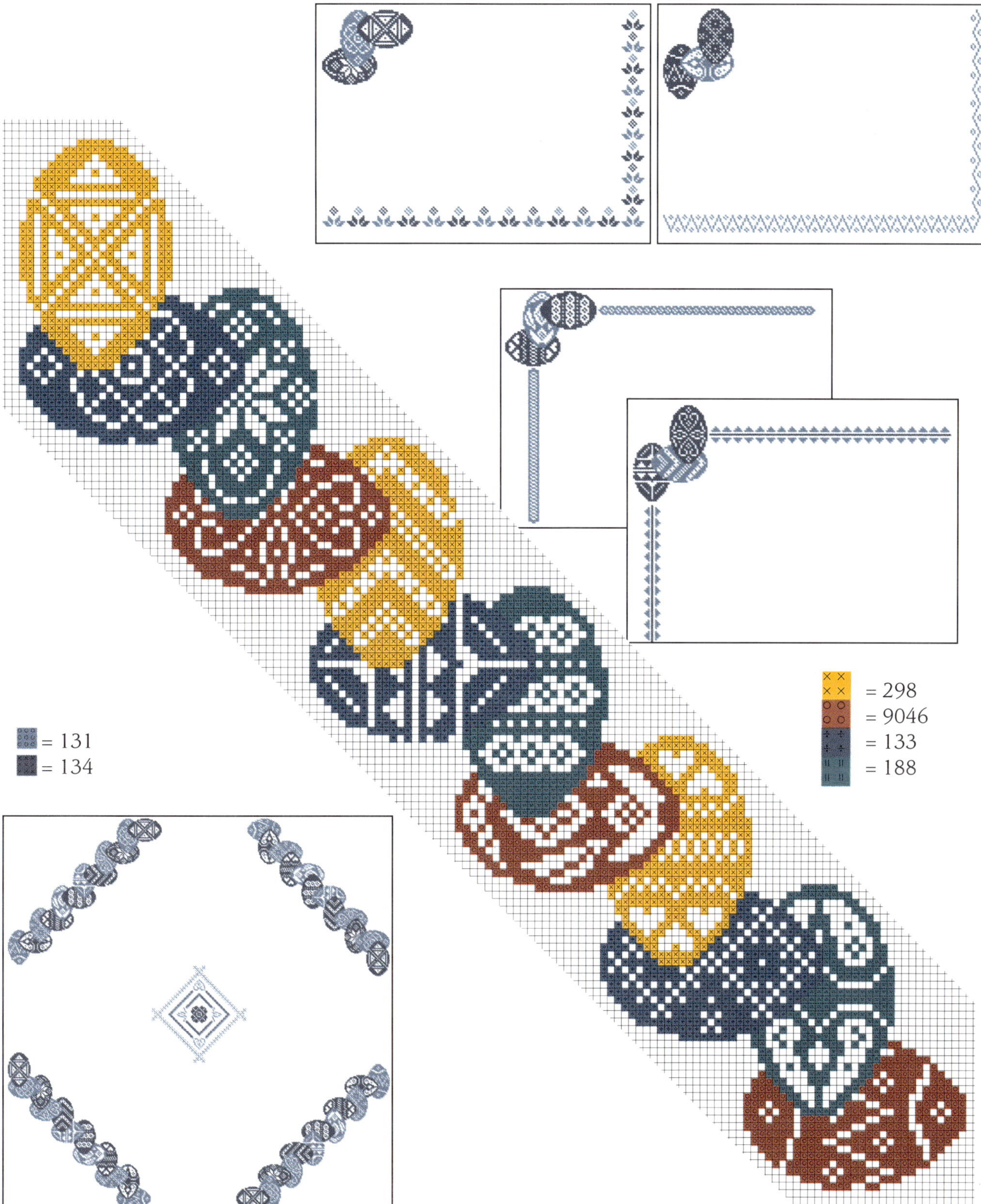
= 298
= 9046
= 133
= 188
= 131
= 134

Osterbrunch

Für den gemeinsamen Ostertisch in fröhlicher Runde – vielleicht zu etwas späterer Uhrzeit – stellen wir einen bunt gefärbten Reigen aus Ostereiern vor, den Sie auf S. 29 in Blau sehen. Die Decke wird analog gearbeitet; allerdings ohne Mittelmotiv. Die Farbfolge der Eier ist gelb, rot, grün und blau. Vielleicht sagt Ihnen diese Variante mehr zu.

Stoff: Fertigranddecke »Münster«, weiß, 30 Fäden/cm, 80 x 80 cm *(FHA)*
Garn: *Nordin (Coats Mez);* je 3 Stränge 298, 47, 133, 188
Motivgröße: je Eckmotiv 24 x 25,5 cm (131 x 141 Stiche)

So wird's gemacht
Beginnen Sie das Eckmotiv unmittelbar an der Webkante zu sticken. Die Decke wird in jeder Ecke gedreht.

Osterhasen im Eierrausch

Auch bei diesem Mustertuch finden sich die phantasievoll gemusterten Eier – allerdings in bunten Farben und kombiniert mit lustigen Häschen und einem modernen Schriftzug.

Stoff: Reinleinen »Jobelan«, 11 Fäden/cm, 40 x 60 cm *(FHA)*
Garn: *Nordin (Coats Mez),* je 1 Strang Nr. 298 und 47; je 2 Stränge 133 und 188
Außerdem: passenden Rahmen und Passepartout
Motivgröße: 24 x 36 cm (141 x 204 Stiche)

So wird's gemacht
Das Mustertuch nach der Zählvorlage sticken und die fertige Arbeit nach Wunsch in einen Rahmen geben.

× ×	= 298
o o	= 9046
+ +	= 133
‖ ‖	= 188

Zur Speisesegnung

Aus dem alpenländischen Raum stammt der Brauch der österlichen Speisesegnung. Zumeist werden Brot und Eier in sogenannten Weihkörben zur Segnung in die Kirche gebracht. Die Deckchen, mit denen diese Körbe ausgelegt werden, sind häufig kunstvoll verziert – unter anderem mit Symbolen des Todes und der Auferstehung Jesu Christi.

Passend zu dem Weihkorbdeckchen haben wir eine Decke für österliche Tischwäsche entworfen. Mit etwas Mut können Sie aber auch selbst einzelne Elemente heraustrennen und die Bestandteile neu zusammensetzen.

Österliche Tischdecke

Stoff: Baumwollstoff *»Boston«*, weiß, 17 x 17 Webkaros *(FHA)*
Garn: Vierfachgarn Nr. 16, Farbnummer 47 *(Coats Mez)*
Motivgröße: über 11 x 11 Webkaros
Zählmuster: siehe Weihkorbdeckchen

So wird's gemacht
Zuerst säumen Sie die Decke (siehe S. 10). Der zweifach eingeschlagene Rand ist ein Webkaro breit. In dem verbleibenden Quadrat von 11 Webkaros Seitenlänge sticken Sie ringsum jeweils das gezeigte Motiv; das zentrale Motiv entspricht dem des Weihekorbdeckchens mit diagonalen Strahlen.

Weihkorbdeckchen

Stoff: Baumwollstoff *»Boston«*, weiß, 5 x 5 Webkaros *(FHA)*
Garn: Vierfachgarn Nr. 16, Farbnummer 47 *(Coats Mez)*
Motivgröße: über 3 x 3 Webkaros

So wird's gemacht
Säumen Sie das Deckchen mit einem Rand, der in der Breite einem Drittel des Webkaros entspricht (Anleitung hierfür siehe S. 10). In die verbleibenden drei Webkaros sticken Sie nach Zählmuster das Motiv - allerdings ohne die nach außen zeigenden Streben.

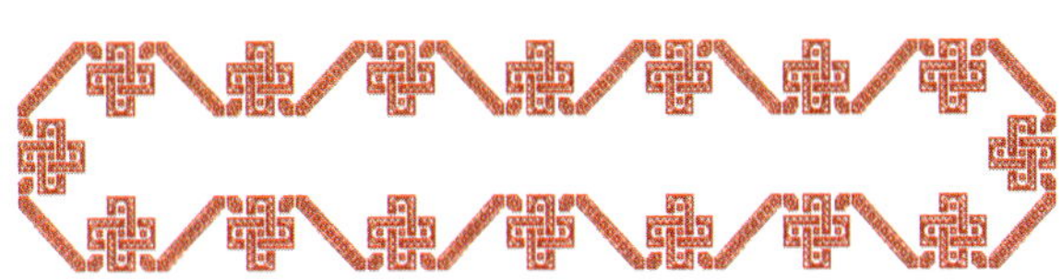

Tutti Frutti

Wenn Sie der Jahreszeit entsprechend in Farben schwelgen wollen, ist dieser üppige Obstreigen gerade das Richtige. Seine Farbpalette umfaßt immerhin virtuose neunundvierzig Töne – eine Herausforderung für erfahrene Stickerinnen.

Der Großteil der Früchte – wie Pflaume, Brombeere, Apfel, Birne, Traube und Hagebutte – kann leicht aus dem Gesamtmuster herausgelöst und so z.B. für Platzdeckchen und Servietten als Einzelmotiv verwendet werden. So haben Sie auch die Möglichkeit, erst einmal »im Kleinen« zu üben, bevor Sie zu den umfangreicheren Taten schreiten. Selektieren und kombinieren Sie also, wie Sie mögen – und holen Sie sich des Sommers Früchte auf den Tisch.

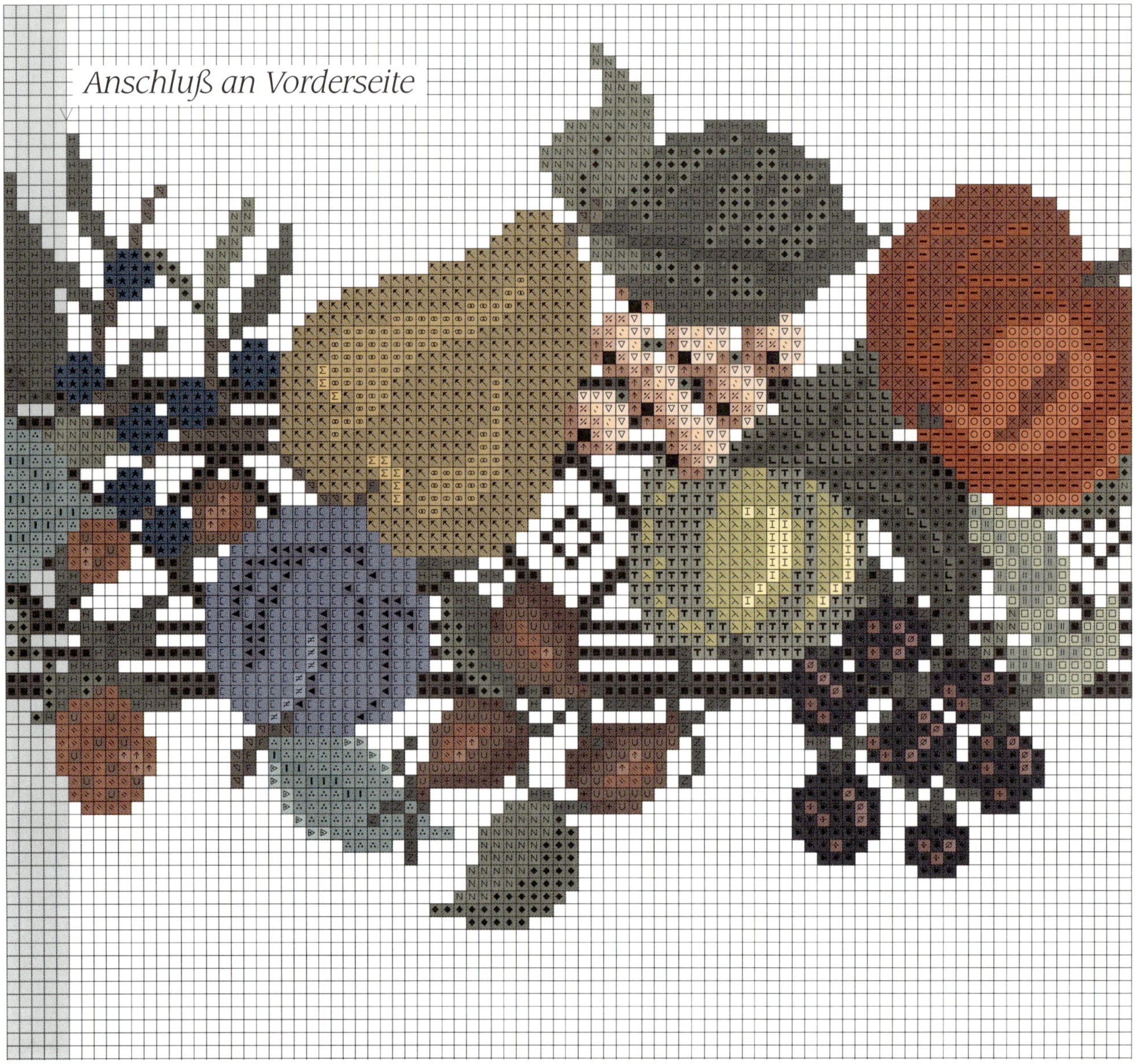

Italienische Tafeldecke

An einem Spalier ranken sich die herrlichsten, von der Sonne gereiften Früchte. Für ein Gartenfest bildet diese Arbeit eine im wahrsten Sinne des Wortes köstliche Dekoration!
Die Decke kann mit einem Mustersatz in jede Richtung auch als Mitteldecke gearbeitet werden.

So wird's gemacht
Fertigen Sie zunächst einen umlaufenden Hohlnahtrand (siehe S. 10) von 5 cm Saumbreite. Dann plazieren Sie die Obstgir-

Stoff: Zählleinen, 10,3 Fäden/cm *(FHA)*
Zuschnitt: Tischfläche plus 70 cm, so daß an allen Tischkanten 25 cm herabhängen
Garn: *Nordin (Coats Mez),* je 1 Strang von den in der Legende aufgelisteten Farbnummern

landen an zwei sich diagonal gegenüberliegenden Tischecken (die Ecke der Decke entnehmen Sie bitte dem Muster auf Seite 40, Fortsetzung erfolgt an entsprechender Stelle des Bandes auf Seite 36). Das Spalier passen Sie in der Höhe Ihrer Decke an, die Ecke erfolgt wie auf Seite 41 angegeben; unter dem Obst fällt das Gitter weg.

= 292
= 279
= 843
= 845
= 846
= 264
= 261
= 266
= 267
= 268
= 269

= 206
= 208
= 209
= 211
= 891
= 890
= 901
= 313
= 324
= 326
= 375

= 358
= 1020
= 778
= 36
= 1024
= 13
= 1015
= 22
= 35
= 9046
= 47

= 403
= 77
= 65
= 127
= 96
= 98
= 101
= 360
= 117

= Spalier: 380; 1009; 275

= 118
= 119
= 164

Platzdeckchen mit Weinreben

Dem rechteckigen Format eines Platzdeckchens entsprechend haben wir aus dem »Obstkorb« ein längliches Motiv zur Gestaltung der Ecke ausgewählt. Das Spalier wurde hier – wie bei den Servietten – Ton in Ton, d.h. cremefarben gehalten.

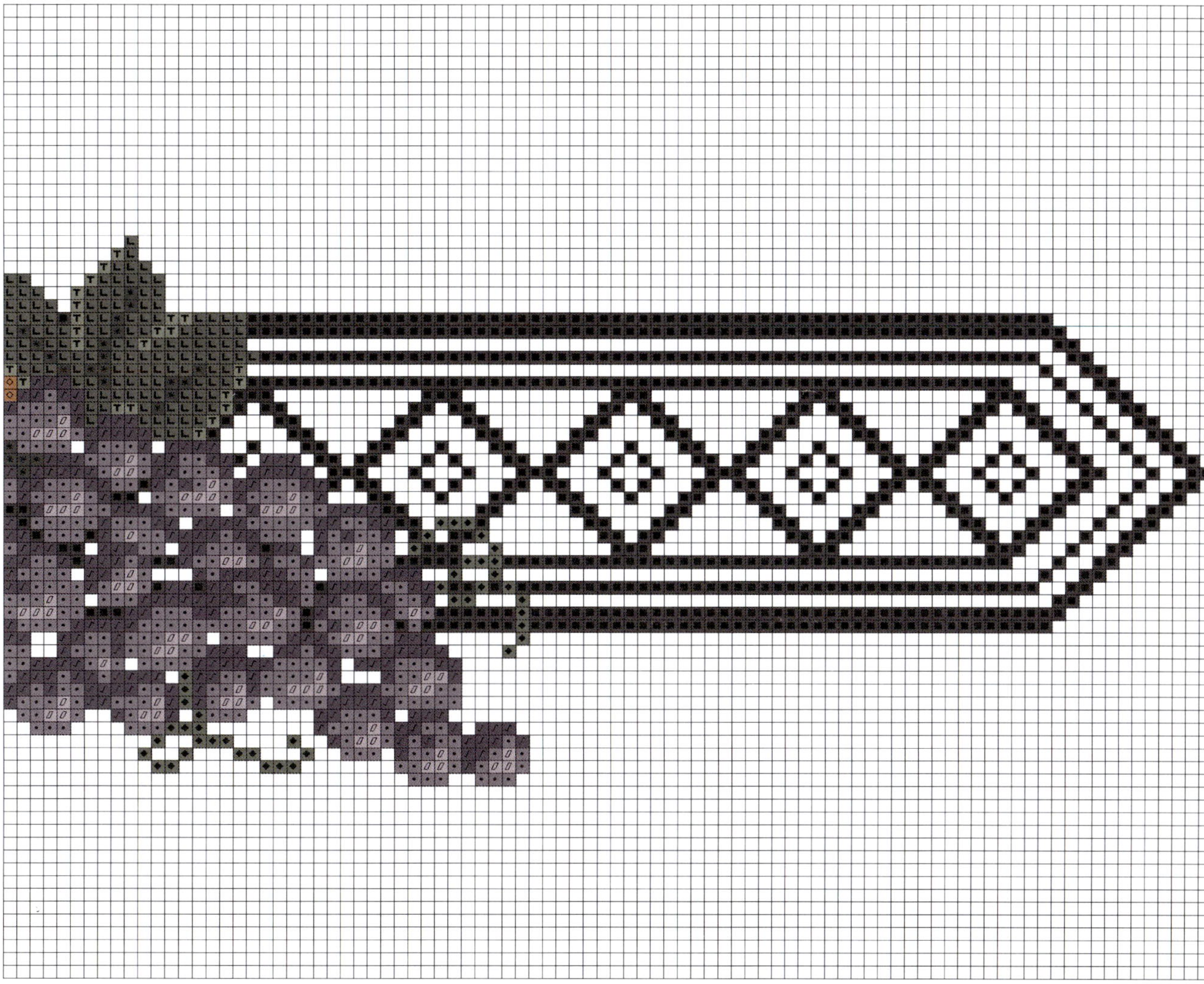

So wird's gemacht
In der linken oberen Ecke beginnen Sie die Trauben zu sticken – und zwar jeweils 4 Stiche von den Webkanten entfernt. Das Spalier setzen Sie ringsum nach der Schemazeichnung fort.

Stoff: Fertigranddeckchen *»Salzburg«*, 10 Fäden/cm, 40 x 50 cm *(FHA)*
Garn: Nordin *(Coats Mez)*, siehe Farblegende
Motivgröße: 137 x 171 Stiche

Zum Rand links bitte 10 Stich zugeben

Rapport unten können Sie fortsetzen, indem Sie das Muster um 90 Grad drehen und an dieser Seite fortsetzen

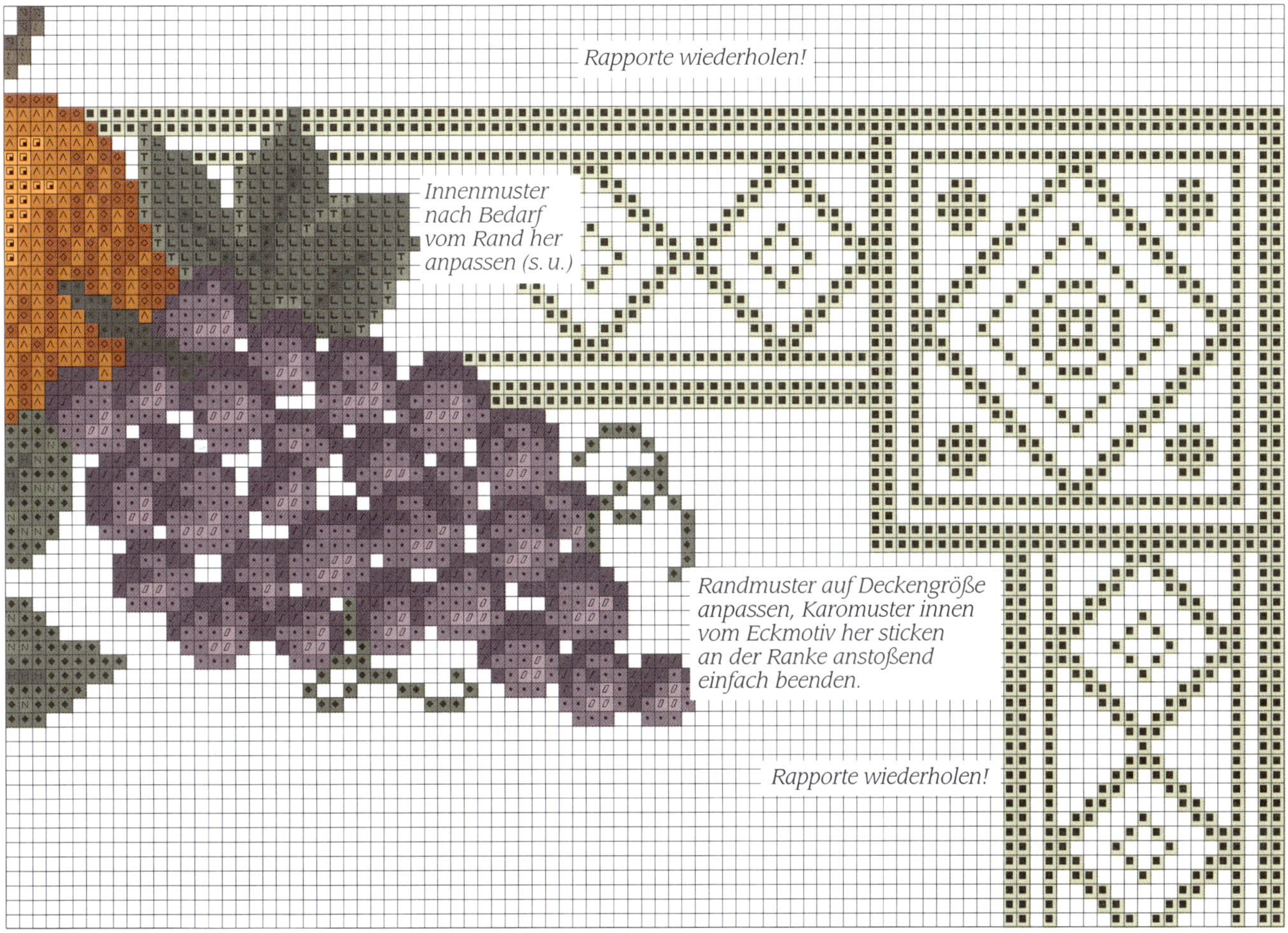

Servietten mit Kernobst

Für die quadratischen Servietten und auch für diesen Zweck bieten sich Apfel und Birne, das rundere und »derbere« Kernobst, an.

Stoff: Fertigranddeckchen »Salzburg«, 10 Fäden/cm, 40 x 40 cm *(FHA)*
Garn: *Nordin (Coats Mez)*

So wird's gemacht
Mit Apfel bzw. Birne in der linken oberen Ecke zu sticken beginnen. Ansonsten siehe Platzdeckchen oben.

= 292	= 891	= 35
= 279	= 890	= 9046
= 843	= 901	= 47
= 845	= 313	= 403
= 846	= 324	= 77
= 264	= 326	= 65
= 261	= 375	= 127
= 266	= 358	= 96
= 267	= 1020	= 98
= 268	= 778	= 101
= 269	= 36	= 360
= 206	= 1024	= 117
= 208	= 13	= 118
= 209	= 1015	= 119
= 211	= 22	= 164

= Spalier: 380; 1009; 275

Vom Winde verweht

Wohl kaum ein Motiv bietet sich für herbstlichen Dekor im Innenraum besser an. Dem geordneten Arrangement in manchen Entwürfen dieser Serie stehen die wild durcheinandergewirbelten Blattspiele gegenüber. Auch mit der unterschiedlichen Farbgestaltung – naturbelassen oder in stilisierten, kräftigen Tönen – wollten wir zu freien Kreationen anregen. Lassen Sie sich bei der Wahl der Farbtöne aber trotzdem ein wenig von den Farben Ihres Services leiten.

Tischdecke »Herbstwind«

Das scheinbar chaotische Prinzip der Blattverteilung für diese ganz in Naturtönen gehaltene Decke bietet sich für größere Flächen besonders an. Hier entfaltet sich der ganze Charme eines Herbsttags.

Stoff: Zählleinen,
8 Fäden/cm *(FHA)*
Zuschnitt: Tischfläche plus 70 cm, so daß an allen Tischkanten 30 cm herabhängen
Garn: Vierfachgarn Nr. 16 *(Coats Mez),* Farbnummern 20, 265, 267, 307, 308, 338, 340, 369, 371, 887 (die Menge bestimmt sich nach der Größe Ihrer Decke)

So wird's gemacht
Fertigen Sie rings um die Decke einen Hohlnahtrand (siehe S. 10) von 5 cm Saumbreite an. Dann suchen Sie sich Blätter aus den Rapporten aus und verteilen Sie ganz nach Wunsch als Rahmen auf eine Breite von 60 Stichen. Einen Rahmenvorschlag finden Sie in der Übersicht. Die Innenfläche können Sie sowohl mit flatternden Blättern als auch mit Rapporten nach Wahl füllen.

Kissen mit Blattkranz

Geringfügig reduziert wird aus dem Mittelmotiv der quadratischen Decke ein Blattkranz für ein Kissen, auf dem man sich gerade an stürmischen Herbsttagen besonders wohlfühlen kann.

Stoff: Zählleinen,
8 Fäden/cm *(FHA)*
Zuschnitt: zweimal 64 x 64 cm
Garn: Vierfachgarn Nr. 16 *(Coats Mez);* je 1 Strang Nr. 20, 338, 340, 371; je 2 Stränge 267, 307, 887
Motivgröße: 34 x 34 cm (132 x 132 Stiche)
Zählmuster: siehe auch Quadratdecke

So wird's gemacht
Arbeiten Sie einen Hohlnahtrand (siehe S. 10) von 4 cm Saumbreite aus. Dann sticken Sie den Blattkranz in die Mitte der Vorderseite (Hinweise zum Ausmitteln siehe S. 8).

Herbstlicher Beutel

(Abb. S. 44/45)

Das kreisrunde Motiv für den Beutel ergibt sich aus einer noch weiter reduzierten Version des Blattkranzes. Schlicht und für häufigen Gebrauch gedacht, scheint zu üppiger Dekor in diesem Fall nicht sinnvoll.

Stoff: Meterware *»Salzburg« (FHA)*
Zuschnitt: 40 x 100 cm
Garn: Vierfachgarn Nr. 16 *(Coats Mez);* je 1 Strang Nr. 371, 307, 887
Außerdem: 3 m passende Kordel
Motivgröße: 27 x 27 cm (108 x 108 Stiche)
Zählmuster: siehe auch Quadratdecke

So wird's gemacht
Bilden Sie einen Hohlnahtrand (siehe S. 10) von 5 cm Saumbreite. Sticken Sie das Motiv in die Mitte der Vorderfront. Den Beutel wie auf S. 15 beschrieben zusammennähen und zum Schluß die Kordel am oberen Rand einziehen.

= 307
= 369
= 338
= 308
= 340
= 371

= 267
= 887
= 265
= 20

Garn: MEZ

Stoff: Zählleinen,
8 Fäden/cm *(FHA)*
Zuschnitt: 140 x 140 cm
Garn: Vierfachgarn Nr. 16 *(Coats Mez)*; je 1 Strang Nr. 20, 338, 340, 371; je 2 Stränge 265, 307, 308, 887; je 3 Stränge 267, 369
Motivgröße: 75 x 75 cm (304 x 304 Stiche)

So wird's gemacht
Arbeiten Sie einen Hohlnahtrand (siehe S. 10) von 5 cm Saumbreite aus und 1 cm darüber einen Stäbchenhohlsaum (siehe S. 9). Gestickt wird von der Mitte aus (Hinweise zum Ausmitteln siehe S. 8) nach dem Zählmuster für das Mittelmotiv; von dort aus setzen Sie den Einzelrapport entsprechend nach außen fort.

In alle vier Winde

Auch dieser Entwurf wirkt sehr bewegt. Die von einem zentralen Blattkranz ausgehenden geschwungenen Enden lassen an die Drehung eines Rades denken und sind bewußt nicht in die Kanten gesetzt, da diese viel strenger wirken.

Tischband mit Blattgirlande

(Abb. S. 46)

Auch zu einem »laufenden Meter« können Sie die Blattmotive selbstverständlich anordnen. Ob die Blattfolge so eine Tafel oder beispielsweise einen Vorhangstoff ziert, bleibt Ihnen überlassen.

Stoff: Meterware *»Salzburg« (FHA)*
Zuschnitt: 40 x 100 cm
Garn: Anchor Sticktwist *(Coats Mez)*, zweifädig; je 2 Stränge 307, 149, 683, 1025
Motivgröße: 85 x 19 cm (489 x 110 Stiche)
Zählmuster: siehe Mitteldecke »In alle vier Winde«, den Rapport nach Orientierung einfärben!

So wird's gemacht
Zunächst arbeiten Sie wieder den Hohlnahtrand (siehe S. 10). Dann sticken Sie die Rapporte von der Mitte aus jeweils zu den Seiten. Die entsprechenden Zählmuster finden Sie auch bei der Naturserie.

Die passenden Servietten

Damit ist die Herbstgarnitur perfekt. Sie haben alles, was dazugehört. Und wenn Lust und Muße besteht, kann es sogar noch mehr werden.

Stoff: Fertigranddeckchen *»Salzburg«,* 10 Fäden/cm, 40 x 40 cm *(FHA)*
Garn: *Anchor* Sticktwist *(Coats Mez),* zweifädig; je 1 Strang Nr. 307, 149, 683, 1025
Motivgröße: 29 x 26 cm (144 x 132 Stiche)

So wird's gemacht
Sticken Sie das Blattmuster in die linke Ecke – jeweils 2 Stiche von der linken und oberen Webkante entfernt.

Tischset zum Herbst ...

... für ein sonniges und naturverbundenes Frühstück. Wenn da nicht jeder Morgenmuffel munter wird!

Stoff: Fertigranddeckchen *»Salzburg«*, 10 Fäden/cm, 40 x 50 cm (FHA)
Garn: *Anchor* Sticktwist *(Coats Mez)*, zweifädig; je 1 Strang Nr. 307, 149, 683, 1025
Motivgröße: 33 x 14 cm (173 x 71 Stiche)
Zählmuster: siehe Mitteldecke »In alle vier Winde«.

So wird's gemacht
Setzen Sie die Blattfolge links oben dicht an der Webkante an. Mit einem Rapport entsteht das Gesamtmuster.

Gesangsstück für drei Kinder und einen Hund

So könnte man beispielsweise eine fröhliche Winterdecke nennen, bei der an zwei Tischkanten ein Terzett mit Hund seine Kunst darbringt. Ausgehend von dem kompletten Mustertuch auf dieser Doppelseite eröffnen sich hier Möglichkeiten für Auftritte in jeglicher Besetzung – Sie brauchen das Trio nur noch entsprechend zu »managen«. Aber nicht vergessen: Ohne den Hund gilt's nicht.

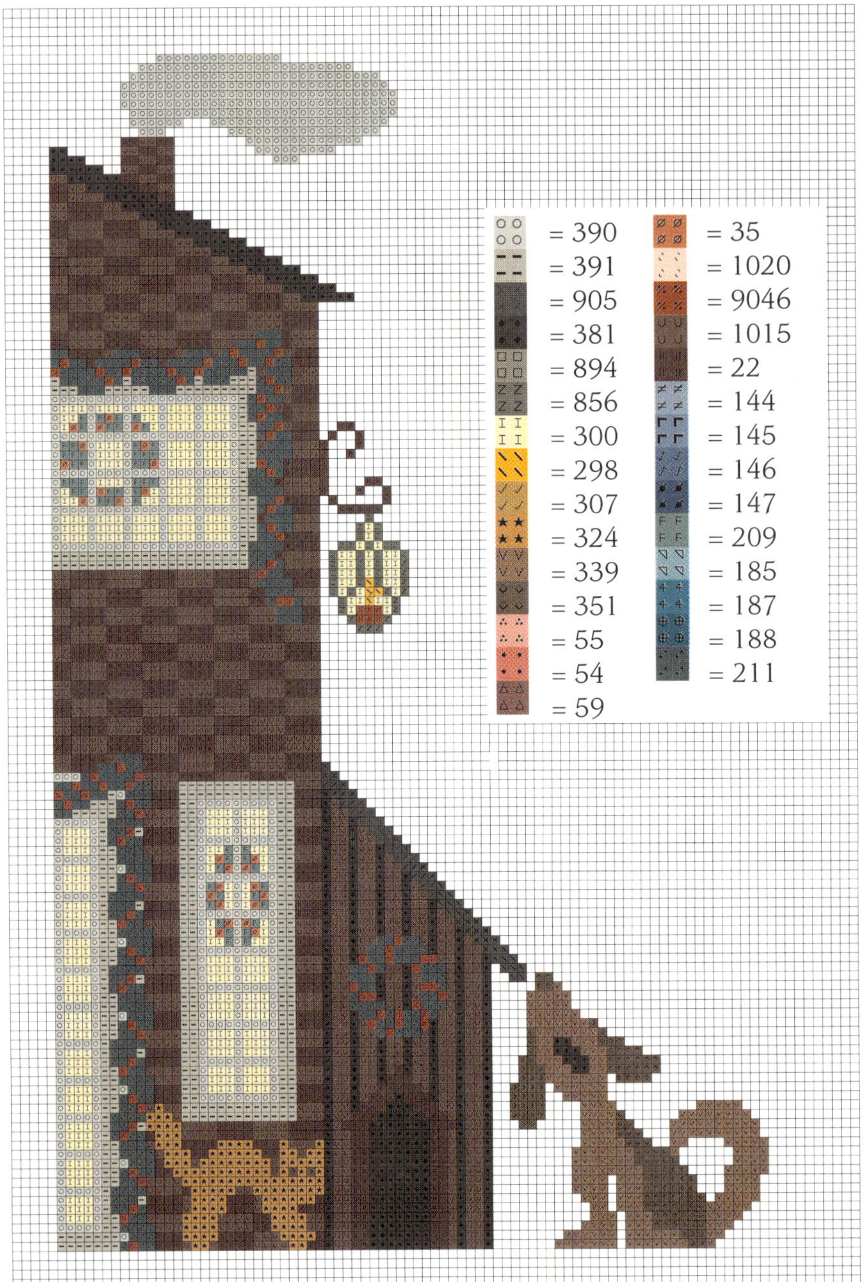

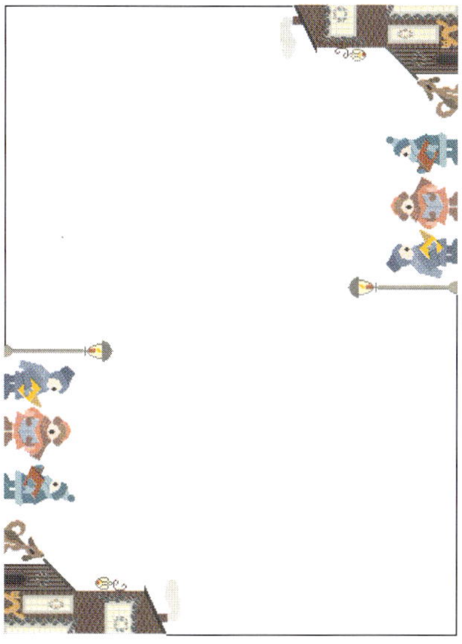

Nachtwächter-lied

Hier bricht das Trio auseinander, und zusammen mit Hund wagt der Kleine ganz in Blau einen Soloausflug – zu nächtlicher Stunde mit Gesangbuch vor dem Haus.

Stoff: Leinenstickband roh/weiß, 11 Fäden/cm, 110 mm (55 Stiche) breit, 155 cm lang
Garn: *Nordin (Coats Mez)* siehe Farblegende S. 49
Außerdem: nach Wunsch passendes Satinband

Motivgröße:
Haus: 9 x 23 cm (80 x 130 Stiche);
Sänger: 8,5 x 15,5 cm (52 x 90 Stiche)
Zählmuster Haus: siehe Mustertuch

So wird's gemacht
Sticken Sie das Motiv jeweils 7 cm über dem Ende auf das Band. Binden Sie nach Wunsch das Band zur Schleife (siehe S. 14) und fransen Sie den Rand bis an die Unterkante des Motivs aus.

Wer gerne experimentiert, kann den jugendlichen Sängern zusätzlich zum Liederbuch eine Laterne nach eigenem Entwurf in die Hand geben und so ein Band zum Martinsumzug gestalten. Der Text des Martinsliedes in einer passenden Kreuzstich-Schrift komplettiert das Ganze. Ein Beispiel für diesen Vorschlag sehen Sie links auf dem Foto.

Sternsinger

Für diesen Tischläufer hat sich das Dreiergespann ein wenig herausgeputzt: Schnell ein Krone aufgesetzt und einen goldenen Stab in die Hand gedrückt. Damit der Auftritt gelingt, ist auch der Hund etwas näher aufgerückt.

Stoff: Leinenstickband roh/weiß, 11 Fäden/cm, 200 mm (83 Stiche) breit, Länge nach Bedarf (*FHA*)
Garn: *Nordin (Coats Mez)* siehe Farblegende
Motivgröße: 14 x 12 cm (80 x 70 Stiche)

So wird's gemacht
Bilden Sie an beiden Enden des Stickbands einen Hohlnahtrand (siehe S. 10) zur Versäuberung. Unmittelbar darüber arbeiten Sie einen 2 cm breiten Stäbchenhohlsaum versetzt und verschränkt aus (siehe S. 9). Die Unterkante der Stickerei sitzt 2,5 cm oberhalb des Hohlsaumes.

Weißt du, wieviel...

... Sterne am Himmelszelt sind? Nicht nur Zeichen für eine kalte Winternacht, sondern auch Vorboten des Weihnachtsfests.

Mit den hier vorgestellten 11 Versionen kann die Adventszeit zu Hause sich in ein wahres Sternenmeer verwandeln.

Quadratische Sternendecke

Den Stern der Sterne bildet diese Decke mit 80 Einzelsternen. Tiefes Nachtblau oder weihnachtlichere Farben – ein solcher Sternenregen hat immer seinen Zauber.

Stoff: Baumwollstoff *»Boston«*, weiß, 19 x 19 Webkaros *(FHA)*
Garn: Vierfachgarn Nr. 16 *(Coats Mez)*, 8 Stränge in Farbnummer 133
Motivgröße gesamt: 15 x 15 Karos

So wird's gemacht
Den Deckenrand bilden Sie ringsum aus einem Webkaro; dazu wird dieses auf ein Drittel eingeschlagen (Hinweise dazu siehe Hohlnahtrand S. 10). In die verbleibenden 15 x 15 Karos sticken Sie nach dem Schema und den verschiedenen Zählmustern die Sterne.

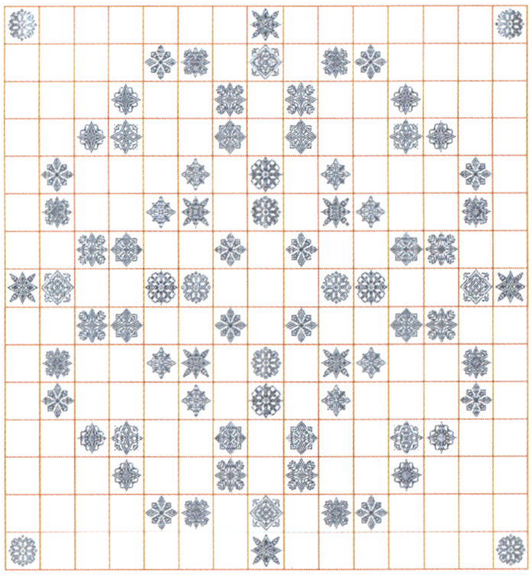

Pfeile: Mitte der symmetrisch angeordneten Decke

Gabenbeutel mit Engel

Drei unterschiedlich gehaltene Engelsmotive für kleine Geschenksäckchen zum Fest. In Muster und Farbgebung sind die Gewänder auf die jeweiligen Zinnengel abgestimmt, die erst als Verschluß für die Säckchen und später als wirkungsvoller Tischschmuck dienen können.

Stoff: Leinenschlauch weiß, 8 Fäden/cm, jeweils 135 mm (53 Stiche) breit, 33 cm lang *(FHA)*
Garn: *Nordin (Coats Mez),* Nr. 275, 778, 969, 901, 13, 9159, 161, 145, 208, 381, 398, 235 sowie *Reflecta* gold
Außerdem: Zinnengel als Schließe (Kühn); schmales Satinband
Motivgröße: etwa 12,5 cm Höhe (bei etwa 54 Stichen)

So wird's gemacht
Die Engel sticken Sie jeweils auf den unteren Rand des Gewebes. Die Beutel schließen (siehe S. 15) und den oberen Rand mit Hohlsäumen verzieren.

Engelsreigen

Auch als Platzdeckchen, Läufer, Deckchen für einen Korb mit Nüssen eignet sich das Motiv hervorragend. Hier ein weiterer Vorschlag.

Stoffe: Meterware *»Salzburg«,* 40 cm breit, Länge nach Bedarf *(FHA)*
Garn: *Nordin (Coats Mez),* je 1 Strang Nr. 275, 778, 969, 901, 9159, 145, 381, 398, 235, *Reflecta* gold; je 2 Stränge Nr. 13, 208, 161
Motivgröße: 28 x 12 cm
Zählmuster: siehe Gabenbeutel

= 275
= 778
= 969
= 901
= 13
= 9159
= 161
= 145
= 381
= 398
= 235
= 208
= Reflecta gold

So wird's gemacht
Arbeiten Sie zunächst den Hohlnahtrand zur Versäuberung aus. Mit dem mittleren Engel beginnen Sie 6 cm oberhalb des Rands; anschließend werden die beiden äußeren Engel nach oben versetzt gestickt.

Pinguin und Schneemann

Haben Sie noch immer Lust auf einen fröhlichen Winter? Dann sollten Sie sich dieses schwarz-weiße Treffen nicht entgehen lassen. Denn die beiden haben wirklich eine Menge gemeinsam – was nicht heißen soll, daß sie nicht auch einmal untereinander »verkuppelt« werden können. Also, wer trifft nun wen? Viel Vergnügen bei der Partnersuche!

= 2
= 298
= 47
= 211
= 403

Rendezvous am Tisch

Für diese originellen Platzdeckchen geben sich gleichartige Paare ein Stelldichein. Der kleine Unterschied muß allerdings sein: Mütze oder Zylinder sind jahreszeitlich angemessene Kopfbedeckungen für den Schneemann, der Pinguin trägt gerne auch einmal eine Zipfelmütze mit lustigem Glöckchen.

Stoff: Reinleinen *»TR«* sand, 10 Fäden/cm, 160 cm breit *(FHA)*
Zuschnitt: 40 x 50 cm
Garn: *Nordin (Coats Mez);* je 1 Strang Nr. 2, 47, 211, 298, 403
Außerdem: kleine Kugelglöckchen für die Zipfelmützen
Motivgröße: etwa 8 cm Breite, 6 cm Höhe

So wird's gemacht

Bilden Sie einen Stäbchenhohlsaum (siehe S. 9) im Abstand von 3 cm zum Schnitt der Stoffkante. Dann sticken Sie die Pärchen in der Kombination Ihrer Wahl jeweils in die rechte untere Ecke – je 18 Stiche von der Hohlsaumkante entfernt. Glöckchen festnähen und den Rand ausfransen.

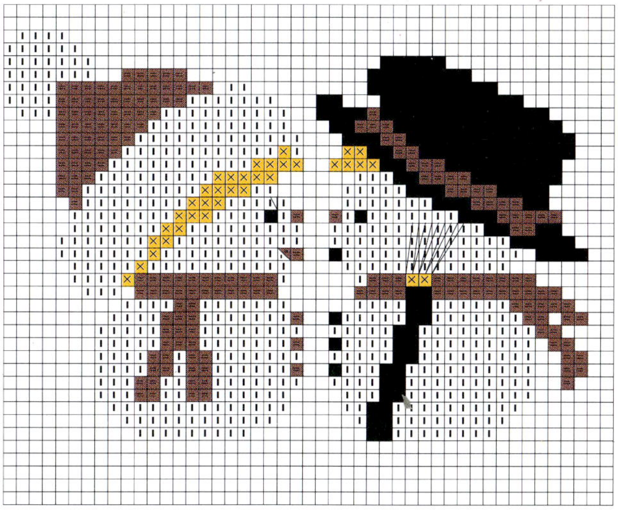

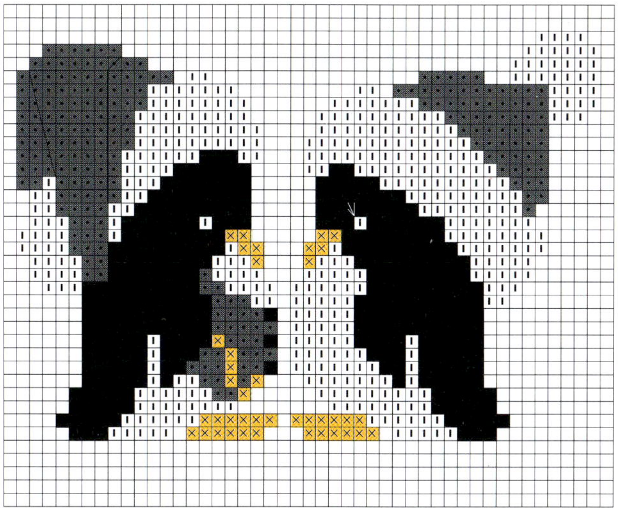

Plauderstündchen mit Überraschung

(Abb. S.56)

Diesmal haben die beiden Freunde auch ein Säckchen mit einem kleinen Geschenk mitgebracht.

So wird's gemacht
Sticken Sie das Motiv auf die Vorderseite des Säckchens, nähen Sie das Säckchen zu (siehe S. 15) und verschließen Sie es mit den Bändern, an denen zwei kleine Herzen baumeln.

Stoff: Leinenschlauch roh/weiß, 8 Fäden/cm, 135 mm (53 Stiche) breit, 30 cm lang *(FHA)*
Garn: *Nordin (Coats Mez);* je 1 Strang Nr. 2, 47, 211, 298, 403
Außerdem: Satinband, weiß und grün; 2 Tonherzen *(Paredes)*
Motivgröße: 12 x 8 cm (51 x 31 Stiche)
Zählmuster: siehe Rendezvous

Kalte Wintergrüße...

... von Pingu an Snowy! Oder doch umgekehrt?

Mit solchen Karten vertreiben Sie jegliche schlechte Winterlaune!

So wird's gemacht
Ein einzelnes Motiv in die Mitte des Stoffs sticken und mittig auf der Rückseite des Passepartoutausschnitts aufkleben.

Stoff: ein Rest Reinleinen *»TR«* sand, 10 Fäden/cm *(FHA)*
Zuschnitt: nach der Größe des Ausschnitts
Garn: *Nordin (Coats Mez);* je 1 Strang Nr. 2, 47, 211, 298, 403
Außerdem: Passepartoutkarten oder Anhänger mit verschiedenen Ausschnitten (z. B. *Joka Deubelius*); kleine Kugelglöckchen
Zählmuster: siehe Rendezvous

Familenfoto

Damit diese Freundschaft auch dauerhaft dokumentiert wird, könnte man auch daran denken, sie in einem Bilderrahmen festzuhalten.

Stoff: Reinleinen *»TR«* sand, 10 Fäden/cm, 20 x 20 cm *(FHA)*
Garn: *Nordin (Coats Mez);* je 1 Strang Nr. 2, 47, 211, 298, 403
Außerdem: ein Flexi-Rahmen; Vlieseline
Motivgröße: 9,5 x 6 cm (51 x 31 Stiche)
Zählmuster: siehe Rendezvous

So wird's gemacht
Das Pärchen in die Mitte des quadratischen Stoffs sticken. Vlieseline aufbügeln und die Stickerei in den Rahmen spannen. Anschließend den Stoff am Rahmenrand abschneiden.

Freundschaft verbindet

Mit diesem Band wird die Freundschaft wirklich dauerhaft geknüpft. An Haus- oder Wohnungstür angebracht oder in einer originellen Dekoration wird so die Sympathie offenkundig zum Ausdruck gebracht.

Stoff: Leinenstickband roh/weiß, 11 Fäden/cm, 80 mm (40 Stiche) breit, 100 cm lang *(FHA)*
Garn: *Nordin (Coats Mez);* je 1 Strang Nr. 2, 47, 211, 298, 403
Außerdem: Satinband, rot und grün; 1 Holzherz
Zählmuster: siehe Rendezvous

So wird's gemacht
Arbeiten Sie eine Hexenstichkante (siehe S. 9) an den Enden des Bandes. In 2 cm Abstand sticken Sie jeweils das Motiv darüber. Dann fransen Sie die Zierkante aus und binden das Band mit den Accessoires zur Schleife (siehe S. 14).

Silvester und Neujahr

Das Jahr geht dem Ende zu, ein neues beginnt... Jetzt heißt es »Schwein gehabt« und »Schwein haben«. Glückwünsche in verschiedener Form sind hier auf alle Fälle angebracht.

Viel Glück!

Frei nach diesem Motto macht das Schwein sich extra lang und breitet internationale Glückwünsche auf einer Tischdecke aus.

So wird's gemacht
Sticken Sie nach dem Zählmuster an den vier Seiten der Decke jeweils einen Glückwunsch in anderer Sprache.

Stoff: Aida-Zählfelderdecke *»Malmö«*, rosé, 90 x 90 cm *(FHA)*
Garn: 1 Strang Vierfachgarn Nr. 16 *(Coats Mez)*, Farbnummer 1; 12 Stränge Vierfachgarn Nr. 16, Farbnummer 892
Motivgröße: je Feld 211 x 53 Stiche

○○ = 2
×× = 892

GOOD LUCK
BONNE CHANCE
Fortsetzung:
siehe Schwein oben
Fertigmaß: 211 Stiche

VIEL GLÜCK
Eckmotiv
VEEL GELUK

Beutelschwein

(Abb. S.60)

Hier kommt ein dickes Paradeschwein mit Kleeblatt glückstrahlend auf einem Beutel daher.

Stoff: Karo-Beutel weiß/rosé, 27 x 40 cm *(FHA)*
Garn: *Nordin (Coats Mez);* 3 Stränge Nr. 969; 1 Strang Nr. 216; 1 Rolle Reflecta

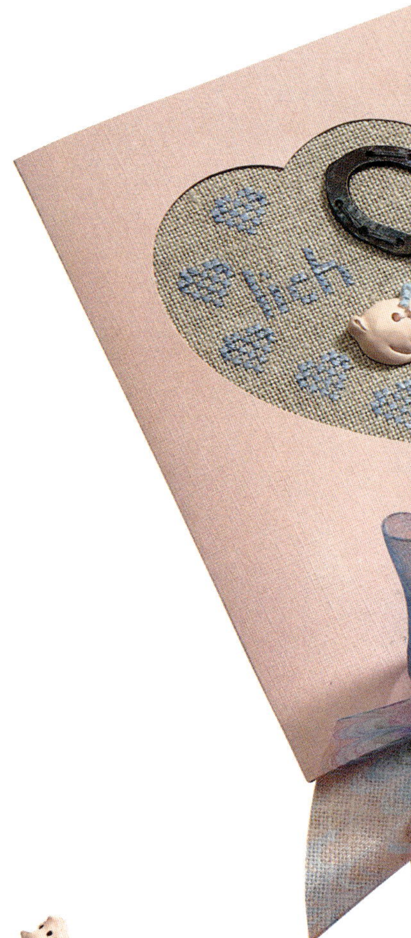

= 969
= 216
= Reflecta dunkelrot

So wird's gemacht
Sticken Sie das Motiv auf der Grundlinie des zweiten Karos von unten nach dem Grundmuster aus.

So wird's gemacht
Formen Sie die Bandenden zu Tütenecken (siehe S. 11). Dann wird ein Ende mit zwei kleinen Herzen bestickt. Die Knöpfe nähen Sie als Kranz auf und befestigen die Seidenschleife. Nach Wunsch auch das Band zur Schleife binden (siehe S.14).

Glücksreigen

Auf der Suche nach einer geeigneten Silvesterdekoration – und alles muß ganz schnell gehen ... Mit diesem Knopfreigen haben Sie leichtes Spiel!

Stoff: Leinenstickband roh/rosé, 11 Fäden/cm, 80 mm (40 Stiche) breit, 70 cm lang
Garnreste nach Wahl für die Herzen
Außerdem: 9 Knöpfe, Motiv Schwein (*EMS*); blau-rosé meliertes Seidenband
Zählmuster: siehe Beutelschwein

Herzlich

Ein Glückwunsch mit Wort und Bild – auch das kann kein Fehler sein zum gegebenen Anlaß. Ein paar originelle Accessoires dazu – fertig!

Stoff: ein Zählleinenrest, 10,3 Fäden/cm *(FHA)*
Zuschnitt: nach der Größe des Ausschnitts
Garn: *Nordin* (*Coats Mez)*, Nr. 145
Außerdem: eine Passepartoutkarte mit Herzausschnitt (z. B. *Joka Deubelius)*; Knopf, Motiv Schwein (*EMS*); ein Hufeisen
Zählmuster: siehe Beutelschwein

So wird's gemacht
Ein paar gestickte Herzen werden auf einer Seite dem Verlauf der Ausschnittform angepaßt. Knopf und Hufeisen festnähen; das »lich« mittig einsticken. Die Stickerei von hinten auf den Ausschnitt kleben.

Bezugsquellen

Folgende Firmen beliefern den Fachhandel und nennen Ihnen auf Anfrage gern Fachgeschäfte in Ihrer Nähe (bitte frankierten Rückumschlag beilegen):

Zählstoffe:
Frankfurter Handarbeiten
Cappelweg 4
91625 Schnelldorf

Garne:
Coats Mez
Postfach 1179
79337 Lenzingen

Geschirr:
Denby Germany
Leitenstraße 30
82538 Geretsried-Gelting

Holzschweinchen:
Country Living
In den Bitzen 2
35767 Gusternhain

Knöpfe:
EMS Spitzenfabrikationen
Bockmühle 51
42289 Wuppertal

Schirm:
Die Spiegelburg
Martinstraße 2
48143 Münster

Passepartouts:
Rund ums Sticken
Zweigertstraße 13
45130 Essen

Porzellandosen:
Permin of Copenhagen
Neustadt 10
24907 Flensburg

Tonartikel:
Marion Paredes GmbH
Ruhrstraße 12
24539 Neumünster

Zinn:
Firma Kühn
Richthofenstraße 21
86343 Königsbrunn

Dank der Autoren

Dank sagen möchten wir zuerst Frankfurter Handarbeiten, insbesondere Peter Bischoff, der uns großzügig alle Materialien zur Verfügung gestellt und damit unsere Arbeit maßgeblich unterstützt hat. Nicht zu vergessen sind aber Gabriela Leufgen sowie Wolfgang Schindler.

Dank auch der Firma Zinn Kühn, insbesondere Frau Kühn, die uns einige Designs zur Umarbeitung in den Kreuzstich zur Verfügung stellte.

Bedanken möchten wir uns auch bei allen, die uns zur Verwirklichung unserer Foto-Ideen spontan antike und wertvolle Stücke aus ihrer »Schatztruhe« anvertrauten: der Collection Peter und Geli Petz in Sulzbach bei Aichach sowie der Schaustellerfamilie Müller aus Augsburg. Ein herzliches Dankeschön auch an diejenigen, die leise immer einmal zur Hilfe bereit waren: Joachim Aurich, Lutz Grobel, Ulrike Helbert, Barbara Hennig und Rolf Scheifes. Bei der literarischen Seite dieses Buches wirkte Kerstin Aurich prägend mit. Ohne Andreas Witte wären die letzten Schritte unmöglich gewesen. Danke für die unerläßliche Kommunikationshilfe mit der Technik.

Last but not least geht Dank an die Damen vom »Club der heißen Nadel«, die alle Muster ein erstes Mal in die Praxis umsetzten: Birgit Bilstein, Hildegard Graff, Dagmar, Tanja und Sibylle Holz, Hilde Hepp, Anke Isert, Ingrid Kruft, Margarete Karies, Dagmar Schmidt sowie an unsere Mütter Josefa Jägers und Margarete Raskob. Dabei seien auch die Familien nicht vergessen, die während der Arbeiten an diesem Projekt durchaus hie und da über einen gewissen Mangel an Zuwendung zu klagen hatten.

Edeltraud und Marcus Raskob

Die Deutsche Bibliothek –
CIP Einheitsaufnahme
Kreuzstich-Stickereien für alle Jahreszeiten : Tischwäsche, Geschenke, Bilder, Grusskarten / Edeltraud und Marcus Raskob. – Augsburg : Augustus-Verl., 1996
ISBN 3-8043-0462-1

Fotografie: Klaus Lipa, Augsburg
Lektorat: Helene Weinold-Leipold
Umschlaggestaltung:
Christa Manner, München

Layout: Anton Walter, Gundelfingen

Augustus Verlag Augsburg 1996

Satz: Gesetzt aus Leawood Book
10 Punkt in Quark-X-Press von
DTP-Design Walter, Gundelfingen
Reproduktion: Repro Ludwig, A-Zell am See
Druck und Bindung: Himmer, Augsburg

Gedruckt auf 120 g umweltfreundlich chlorfrei gebleichtem Papier.

ISBN 3-8043-0462-1

Printed in Germany